高校体育训练创新理论与实践研究

周越俊 著

中国纺织出版社有限公司

图书在版编目(CIP)数据

高校体育训练创新理论与实践研究 / 周越俊著. --北京：中国纺织出版社有限公司, 2024.1
ISBN 978-7-5229-1444-2

Ⅰ.①高… Ⅱ.①周… Ⅲ.①体育教学—教学研究—高等学校 Ⅳ.①G807.4

中国国家版本馆 CIP 数据核字(2024)第 042821 号

责任编辑：张　宏　　责任校对：王蕙莹　　责任印制：储志伟

中国纺织出版社有限公司出版发行
地址：北京市朝阳区百子湾东里 A407 号楼　邮政编码：100124
销售电话：010—67004422　传真：010—87155801
http://www.c-textilep.com
E-mail:faxing@c-textilep.com
中国纺织出版社天猫旗舰店
官方微博 http://weibo.com/2119887771
北京虎彩文化传播有限公司印刷　各地新华书店经销
2024 年 1 月第 1 版第 1 次印刷
开本：787×1092　1/16　印张：9.75
字数：200 千字　定价：98.00 元

凡购本书，如有缺页、倒页、脱页，由本社图书营销中心调换

前　　言

科技进步和信息化水平的提升,带来了对人才综合素质更高的社会需求。在这种背景下,高校体育教学和训练在提升大学生的核心素养和综合素质方面扮演着关键角色。体育训练作为高校体育教育的关键部分,不仅是一种高效的教育方法,也是发掘和培养优秀运动员的重要途径。然而,当前我国高校体育训练的发展存在一些问题,如管理欠缺、创新不足等,这些问题限制了高校体育教学和训练水平的提升,也影响了大学生的培养质量。针对这些问题,有必要基于当前高校体育训练的发展现状进行深入探索,积极创新,通过实践积累经验、总结教训,不断提高训练水平。

本书共六章。第一章分析了高校体育训练的理论及发展,以了解我国高校体育训练的现状、存在的问题以及影响训练发展的主要原因,从而有针对性的探索提升训练水平的策略提供思路;第二章对高校体育训练的理论指导体系进行分析,主要包括运动生理学理论指导、运动心理学理论指导、运动训练学理论指导;第三章着重探讨高校体育训练水平提升的策略与实证,提出了体育训练各要素的创新发展策略,具有一定的参考意义;第四章阐述了高校体育训练体系的建设与优化,其中包括对训练理念、原则、方法与管理等方面内容;第五章从师资、安全、质量保障这三个方面对高校体育教学训练水平提升策略进行分析;第六章分析高校体育拓展训练及其教学模式的创新。本书主要围绕高校体育训练与教学水平的理论与实践创新进行研究,提出了高校体育训练水平提升的策略,以及科学保障,并结合相关案例进行分析研究。希望本书能够为促进我国高校体育训练与教学水平的提升做出贡献。

本书由江西科技师范大学周越俊撰写并负责本书的统筹、统稿工作,周越俊撰写了第一章、第二章、第三章、第四章、第五章和第六章的内容,共计21万余字。

在本书的撰写的过程中借鉴了许多专家学者的研究成就,对此表示衷心的感谢。鉴于个人能力所限,书中可能存在一些疏漏和不足,诚挚希望广大读者能够提出宝贵的批评和建议!

周越俊
2023 年 7 月

目 录

第一章 高校体育训练理论及发展 ... 1
第一节 高校体育训练基础理论 ... 1
第二节 高校体育训练发展现状与问题分析 ... 11
第三节 影响高校体育训练质量和水平的主要因素 ... 15

第二章 高校体育训练的理论指导体系 ... 19
第一节 运动生理学理论指导 ... 19
第二节 运动心理学理论指导 ... 25
第三节 运动训练学理论指导 ... 32

第三章 高校体育训练水平提升的创新理论与实证研究 ... 39
第一节 体能训练创新与实证研究 ... 39
第二节 运动技战术训练创新与实证研究 ... 44
第三节 运动心理训练创新与实证研究 ... 47

第四章 高校体育训练体系的建设与优化 ... 51
第一节 把握科学的体育运动训练理念 ... 51
第二节 遵循体育运动训练的原则 ... 60
第三节 掌握科学体育运动训练的方法 ... 66
第四节 依据训练计划参加运动训练 ... 72
第五节 加强学校高水平运动队的训练与管理 ... 83

第五章 高校体育教学训练水平提升的科学保障策略 ... 89
第一节 师资保障 ... 89
第二节 安全保障 ... 95

    第三节　质量保障 …………………………………………………………… 106
第六章　高校体育拓展训练教学模式创新研究 …………………………… 111
    第一节　拓展训练理念下高校体育教学模式的发展与创新 …………… 111
    第二节　高校开展体育拓展训练的教学目标与内容 …………………… 115
    第三节　高校体育拓展训练课程教学模式研究 ………………………… 124
    第四节　高校体育拓展训练课程的教学评价体系研究 ………………… 139
参考文献 ……………………………………………………………………… 147

第一章　高校体育训练理论及发展

高校的体育训练理论是建立在现代竞技体育各个理论基础之上的，它涉及体能训练、运动性疲劳、超量恢复运动心理学及运动营养等。本章将重点阐述体能训练的相关理论知识，以及目前我国高校体育训练的发展现状和所遇到的问题，要想彻底地解决问题一定要从所有的影响因素着手，因此本章还将深入探究影响我国高校体育训练质量的种种原因和因素。

第一节　高校体育训练基础理论

一、体育训练的基础

（一）高校体育训练的范围

高校通过系统的、集中的体育训练，不仅仅能让青年学生增强体质，提高运动技能，还可以帮助他们掌握科学的训练方式、养成良好的运动习惯。体育训练是一项系统工程，会涉及生理学、心理学及社会学的诸多元素。高校的体育训练更要遵循循序渐进、区别对待等基本原则，注重对青年学生生理素质和心理素质的共同塑造，逐步培养他们养成坚毅的性格品质，积极进取、勇于拼搏的人生态度，从而使他们进入社会后能够满足时代对青年人提出的新的要求，能够更好地适应社会竞争、参加社会建设。不管是普通学生还是运动队的运动员，重要的是根据实际水平制订切实可行的训练目标。训练目标要根据个人能力、心理特征和社会环境来设计，不能盲目攀比，也不能急于求成。有些青年学生是为了赢得比赛或提高成绩，有些则是为了追求获得运动技能的进步，或者单纯就是为了提高身体素质，强身健体。不论目标如何，都应尽可能具体明确，可执行、可量化。不论是短期计划还是长期计划，在训练开始之前就应设定好执行方案和步骤，并且明确实现目标过程的具体细节。而完成这些目标的最终时刻，往往是一次重大的比赛。

（二）高校体育训练的目标

制订系统的训练计划和目标，可使体育教师的训练工作更有效率，而设计训练过程要有明确的目标。比如，针对学生的不同情况和诉求制订不同的训练计划，包括全面身体发展、专项身体发展、技术能力、战术能力、心理因素、健康管理、伤病预防及相关的理论知识，包括生理学、运动学、人体科学、运动心理学等。要把高校的体育训练发展成为培养综合人才的重要支持性学科，而不仅仅停留在作为文化课和专业课的补充和调节。高校的体育训练涉及塑造青年学生的身体素质、心理素质、人格、情操等，是帮助青年学生全面成长的重要途径。因此，高校教育系统应该重视起体育训练的工作，特别是一线的体育教师，应该努力发挥自己的角色任务，根据学生的年龄、基础身体条件和天赋，运用科学化、个性化的方法和手段，制订与其水平相适宜的训练目标。

1. 全面发展身体

全面发展青年学生的身体素质是高校体育训练的基本任务。比如，发展青年学生的耐力、力量、速度、柔韧和协调性等身体素质。培养青年学生学习科学的运动方式，发展健全的人格，磨炼意志品质，培养乐观向上的体育精神。但是，发展一般身体素质是其他目标的基础，是高校体育训练最根本的目标，青年学生只有具有了强健的身体，才能够更好地学习和生活，才能够为日后进入社会生活做好准备，才能够有能力迎接激烈的竞争和挑战，才能够有机会充分发挥自己的才能。

2. 发展专项素质

发展专项身体素质是为了发展专项运动所需要的生理或身体特征的体育训练。这种训练的主要目的是为了实现运动的一些特定需求，如力量、技能、耐力、速度和柔韧性等，且要紧密结合专项运动。但是，专项素质并不是独立存在的，在具体的运动实践中，很多专项素质是运动能力的组合，如速度和力量、力量和耐力或者速度和耐力等，这些要根据具体的运动项目需求而定。

3. 发展技术能力

这种体育训练的目的是以发展技术能力为核心，技术能力是获得体育运动项目成功所必需的条件，只有不断地提高技术能力，才能提高运动能力。而提高技术能力又是以身体素质的全面发展和专项发展为基础的。发展技术能力训练的最终目的是完善技术动作，优化专项运动技能。专项运动技能是展现最佳竞技状态所必需的前提条件，是专项运动的硬性指标。发展技术能力还要注意应该在各种情况下进行训练，比如正常的状况和特殊的状况、有利天气和不利天气、安静环境和充满干扰因素的环境等，这些都是技术训练的重要内容。另外，无论是增加动作难度系数，还是增加负荷或干扰因素，最终目的都是完善运动项目，提高扎实的专项技能。

4. 发展战术能力

发展战术能力也是体育训练的内容之一，而且也是一切训练过程的重要组成部分。战术能力训练是为了完善比赛策略，提高竞争能力，每一项训练都会设计战术研究和战术能力训练。具体地说，这种训练的目的是利用运动员的技术和身体能力来制订参赛战术，增加比赛获胜的概率，因此战术是一种动态的能力。

5. 发展心理素质

强大的心理素质也是确保发挥最佳体能所必需的要素。高校体育训练的目的之一，就是使青年学生拥有健康的心理素质水平，有些专家也称发展心理素质为个性发展训练。尽管名称不同，但是目的相似，就是发展青年学生的自制力、自信心、勇气、毅力等，这些素质对于成功展现运动能力必不可少。

6. 健康

青年学生的整体健康状况是一切体育训练的基础，应当充分重视起来，特别是要避免本末倒置，比如，为了体育训练或者提高运动成绩而损害了身体健康则得不偿失。健康保养可以通过定期体检和适当的体育锻炼来实现。适当的体育训练是指从个人的实际水平出发，选择恰当的运动项目、恰当的运动负荷和运动频率，在体育教师的指导下进行长期的、有节奏的体育运动，最终达到提高健康水平的目的。另外要注意的是，进行体育训练时要做好运动防护，避免运动损伤。

二、体能训练理论

（一）体能训练的基本概念

体能训练是一门相对新兴的学科，关于体能训练的概念，国际上有很多的探索和研究，目前还没有一个统一的定论。但是概括来说，它包括以下三个方面的内容：

（1）在运动生理、人体科学和医学等有关原理的指导下进行的，提高机体对训练负荷和比赛负荷适应能力的训练。

（2）运用生物力学和专项理论知识提高运动员的技术、战术水平的训练。

（3）应用心理学、营养学和管理学等原理，进行预防或者干预，目的是使运动员在身体上和精神上处于动态的、较好的竞技状态。

我国有学者认为，体能训练是指采用相应的方法和手段，全面提高个体的各项生理机能和代谢水平，改善人体的身体形态及发展其运动素质和健康素质，从而达到提高其运动表现的目的。体能训练的根本任务是运用各种专业的方法和多样的手段使运动员各器官系统的机能水平和身体形态获得全面提高，从而整体提升运动素质、掌握先进的运动技术和技能，为发展专项运动素质和技能创造有利条件。对于高校的体育训练来说，体能训练就是改善青年学生的身体形态，提高其机体各个器官、系统、组织的整体能力，并结合专项需要通过科学的练习，充分发展青年学生的运动素质，促进运动成绩的提高。现代运动训练类型繁多，包括体能训练、技术训练、战术训练、心理训练及智能训练等。而体能训练是以上所有训练的基础，也是运动训练的基础，无论进行哪项运动，都需要从体能训练开始，需要针对专项的具体需求来发展相应的体能素质。另外，通过合理的训练手段和方法建立的体能基础，也是防止运动损伤和运动性疾病的重要前提。

（二）体能训练的基本要求

1. 先全面发展再突出重点

无论是哪项运动项目，都需要具备一定的体能基础，包括力量、耐力、速度、柔韧性等，因此在发展体能训练的时候注意安排好顺序，即先全面发展，再突出重点，这也是体能训练的基本原则。一方面，运动者的各项体能素质水平是相互联系的，某一项素质的提高会促进或者制约其他素质的发展。因此，运动员或者青年学生首先应该全面发展自身的体能素质，具备一定的基础能力，才能为接下来的专项运动和训练打下必要的体能基础。之后，再根据专项运动的具体要求进行专项的体能训练，也就是说，体能训练需要在有计划、有目的的前提下进行。另一方面，如果想获得某项运动的较好成绩，就离不开专项素质训练，只有先获得良好的专项体能，才有可能提高运动表现和运动水平，运动员或者青年学生所从事的运动项目决定了其必须具备该项目所要求的体能专项素质。因此，在进行体能训练时，青年学生不仅要全面发展身体的运动能力，还要根据个人的具体情况和专项运动的需要，针对不同的项目，在训练同一项目的不同阶段，根据自身的发展突出体能训练的重点。

2. 以实战为训练目的

青年学生进行体能训练的目的除了提高身体素质、保持一定的健康水平，还有就是发展运动技能，提高技战术的运用水平。因此在进行体能训练时，青年学生应紧密结合技战术的要求，合理安排体能训练的内容、强度、时间、频率等，科学选择体能训练的方法，使体能训练与专项技战术的发展有机地联系在一起，从而提高专项运动的竞技水平，在比赛中提高竞争力和比赛成绩才是专项体能训练的意义所在。在体能训练中，训练手段的选择和运用是使体能训练与技术、战术训练紧密结合的关键，体能训练的内容和手段要突出专项特征，在表现形式上尽量与专项技能、战术动作相呼应，最终提高竞技能力，从而获得优异的比赛成绩。

3. 训练比例很重要

合理安排训练内容的比例是体能训练的基本要求之一，它具体体现在体能训练的内容要有整体观念，合理安排一般体能训练和专项体能训练的比例，才能达到理想的效果。它的科学依据是一般身体训练是发展专项体能的基础，也是影响专项运动水平的基础，只有在充分地发展一般体能的基础上，才谈得上发展专项体能水平。比如，如果青年学生连最基本的力量和速度水平都不满足，则无法真正地进行某项运动的训练，更谈不上提高运动表现。当然，每一位青年学生的身体基础条件不同，有的人天生体质较弱，那么他的体能训练的内容主要就聚焦于提高身体素质，也就是说以一般体能训练为主。有的学生具有相当出色的身体条件，并且有一定的运动天赋，也有热情投入时间和精力在该项运动上做进一步发展，那么对于这一类学生而言，体能训练中专项的比例就要提高一些。因此，不能使用单一的内容比例面对所有的青年学生，而是根据不同的学生、不同的训练具体确定体能训练的内容及其比例。并且这种训练计划也需要进行动态的调整，两种训练的比例随着身体素质的提高或者训练目的的改变而改变。当学生处在高水平的训练阶段时，就要加强专项身体训练，才能最有效地发展专项运动能力。

4. 科学评价训练效果

重视对体能训练效果的科学评价将有助于训练者及时了解自己的训练情况，了解自己的进步水平。明确自己与预期目标之间的差距，才能够更好地制订下一步的训练目标和计划。因此，在体能训练过程中，体育教师应系统地对青年学生的身体运动能力进行定期或不定期的测量与评价。其方式要做到科学、客观，运用量化分析和定性分析评定体能训练是否达到了预期目标，如果没有达到，要进一步地评估未能达到预期效果的原因有哪些，是因为目的设定过高还是训练手段不合适，还是被其他不可控的因素干扰所致，总之，要及时复盘训练计划和执行效果。通过科学有效的测量手段，定期评估训练效果，从而找出体能训练的薄弱环节和改进方法，作为下一步训练计划制订的重要依据，真正做到科学控制青年学生的体能训练，提高体能训练的科学性和针对性。

（三）体能训练的基本分类

1. 力量素质

力量素质是进行一切体育活动的基础。力量素质是指人的身体或身体某部分用力的能力，或是人体在运动活动中肌肉克服内部和外部阻力的能力。内部阻力包括人体自重、关节的加固力、肌肉韧带的黏滞力、惯性力；外部阻力有负荷重力、支撑反作用力、摩擦力、离心力、介质阻力、惯性力等。内部阻力除了自重和身体组织的制约力（如关节的加固力），主要是指人体用力过程中发生的、随人体的机能状态、身体形态及用力动作的合理调节而变化的力；外部阻力是力量训练的主要手段，是对人体的一种外部刺激。人体就是在克服这些阻力的过程中不断地发展力量素质。力量素质对人体运动具有非常大的影响，是人体体能的基本素质。力量素质训练是体能训练过程中的基本训练内容和主要训练手段，也是衡量青年学生身体水平的重要指标。各种体育活动都不同程度地需要发展力量素质，无论是举重、拳击、游泳、跑步、标枪、跳高还是各种球类运动，可以说没有一项运动不需要力量素质的参与，但是不同的专项所需要的力量是不同的。一般而言，力量素质又分为最大力量、速度力量与力量耐力三种。

（1）最大力量。最大力量是肌肉在随意一次性最大程度收缩中，神经肌肉系统所能发生的最大的力。在竞技类运动项目的训练中，最大力量往往表现为用于克服外部阻力的大小。而且同一个体其最大力量并不是一成不变的，而是基本上处于动态变化中的。因此，为了获得更好的力量素质，青年学生需要不断地发掘自身力量的极限，充分发挥自己的最大力量，以保证力量训练的效果。通常来说，最大力量训练多与投掷、举重、摔跤、体操和柔道等竞技体育项目相关。力量型运动项目要求运动员或者青年学生发展增大肌肉体积、发展肌肉内和肌肉间的协调性，从而达到提高最大力量的目的。

（2）速度力量。速度力量对所有需要"爆发力"的运动项目起着非常重要的作用，如短跑、跳远等项目。它是指神经肌肉系统以最快的速度发挥最大力量的能力，是肌肉系统在最短时间内发生最大用力的能力。有研究发现，当人体发挥速度力量的时间小于150毫秒时，是爆发力起主要作用；当发挥速度力量的时间超过150毫秒时，是由最大力量发挥作用。速度力量通常是以速度和加速度的形式来体现的。在田径、举重、柔道、摔跤、短程游泳、球类、体操、室内自行车和短程速滑等竞技类运动项目中，速度力量都扮演着重要的角色，发挥着重要的作用。一般来说，速度力量主要有爆发力、弹跳力和起动力三种形式：

①爆发力：是速度力量中最为人熟知的一种，它是指神经肌肉系统用最短时间产生最大的肌肉力量的能力，可以在150毫秒之内达到最大力值。爆发力通常用力的梯度和冲量表示。在爆发力产生之前的瞬间，有一个极短暂的肌肉预拉长瞬间产生弹性能，然后迅速向相反方向用力收缩的动作过程。

②弹跳力：是指神经肌肉系统在触地前瞬间拉长，而后又自动转化为缩短的过程，正是这种以很高的加速度朝相反方向运动的力量，使身体产生跃起。与爆发力相比，弹跳力有一个触地的动作过程。研究证明，肌肉拉伸的速度越快，其工作的转换速度就越快，因而起跳的高度越高。

③起动力：是神经肌肉系统在极短的时间内从稳定状态发展尽量高的力量的能力，在速度力量中，起动力是收缩时间最短的力，是对外部信号尽快作出反应的一种力量能力。

（3）力量耐力。力量耐力，简单地理解就是机体耐受疲劳的能力，以较高水平持续表现能力为特征。如铁人三项、中长跑、马拉松、皮划艇、公路自行车及足球等项目，均需要长时间的抗疲劳能力。

2. 速度素质

速度素质是指人体快速运动的能力。速度能力包括快速移动能力、快速完成动作的能力和快速反应能力，即移动速度、动作速度和反应速度。速度素质是灵活性、反应时、肌肉收缩速度等综合能力的体现。

（1）反应速度。反应速度是指人体在听觉、视觉、触觉、动觉等方面对各种信号刺激的反应时。这种能力取决于神经传递反射弧的灵敏性。机体通过神经感受器感受外界刺激，由感觉神经元传给神经中枢，由中枢神经发出指令，肌肉收缩产生动作，这一系列过程的快慢决定了反应速度。优秀的短跑运动员的起跑时间为0.15秒左右，处于0.18～0.20秒之间的反应时都属于优秀水平。如上所述，人体的反应时取决于多种因素，如视觉反应时、动觉反应时、触觉反应时，是人体反应的综合能力的表现。反应速度的训练主要是充分挖掘遗传潜力、反复训练技术动作及集中注意力和改善专项反应时。

（2）移动速度。移动速度即位移速度，包括平均速度、瞬时速度、加速度、角速度、角加速度、初速度、末速度。在一个项目中或在一个项目的某一动作环节中，可能同时包括反应速度、动作速度和移动速度。各种速度之间存在着互为相关的关系。

（3）动作速度。动作速度是指在单位时间内完成动作的多少，包括完成整套动作的速度、完成单个动作的动作速度和动作速率。在体育运动中，整套动作是指完成全部动作。单个动作的动作速度是指在整套动作中完成某一个动作的动作速度。动作速率是指动作的频率及单位时间内完成动作的次数。动作速度取决于神经—肌肉系统的调节、肌肉收缩的速度、相对力量和速度力量的大小、肌肉工作的协调性，以及技术动作的熟练程度。单纯从力学上分析，动作速度包括动作的平均速度、瞬时速度、加速度及角速度、角加速度。跳远的起跳速度是平均速度，腾起初速是瞬时速度。平均速度与瞬时速度是相对的。在不同的运动项目中，其表现形式略有不同，这里不做赘述，但是动作速度和反应速度、移动速度三者很难单独评判，它们在协调作用下完成运动任务。

3. 耐力素质

耐力素质一般分为有氧耐力和无氧耐力，是指有机体在较长时间内保持特定强度负荷或质量的动作的能力。耐力、力量、速度这三种素质的结合，分别表现为力量耐力和速度耐力。人体的耐力素质越好，抗疲劳的能力就越强，保持特定负荷工作的时间也越长。耐力素质对于各个项目来说都是重要的基础素质，但是对于不同的项目，要求也是大相径庭。因此，加强专项耐力的训练更具意义。总而言之，耐力素质是运动成绩的基础条件，耐力训练应根据专项需要，采用适宜的训练手段和方法进行开发。

（1）有氧耐力。有氧耐力是指有机体在氧气充分的情况下进行长时间工作的能力。有氧耐力训练的目的在于提高机体输送氧气的能力，能很好地促进机体的新陈代谢，为日后增加运动负荷做准备。马拉松、越野跑、长跑、长距离竞走等项目都属于对有氧耐力有很高要求的运动。

（2）无氧耐力。无氧耐力相反，是指机体在供氧不足的情况下坚持工作的能力。无氧耐力训练的目的是提高机体承受氧债的能力。如体操、短距离游泳、篮球、短跑等都需要优秀的无氧耐力水平。

（3）有氧与无氧混合耐力。有氧与无氧混合耐力是介于无氧耐力和有氧耐力之间的一种耐力水平。它的持续时间长于无氧耐力但是短于有氧耐力。大多数的对抗性项目如拳击、摔跤、柔道、跆拳道，以及 400 米、400 米栏和 800 米等项目所需要的耐力都属于混合耐力。

4. 柔韧素质

柔韧素质是指人体肌肉伸缩能力、关节的活动幅度，以及肌腱和韧带等软组织的伸展能力。关节活动幅度的大小受骨骼关节解剖结构的限制，它基本上受基因和遗传的限制，通过训练可以改变的空间有限。而肌肉、肌腱、韧带等软组织的伸展性，是可以通过科学合理的训练而得到提高和加强的。特别是在青少年时期，5~12 岁是训练柔韧素质的关键时期。比如，武术、竞技体操、艺术体操、跳水、花样滑水、散打、跆拳道等项目，对运动员的柔韧素质都有很高要求。柔韧素质又分为一般柔韧和专项柔韧，多数运动项目都同时要求一般柔韧和专项柔韧。发展柔韧素质不仅可以加大动作幅度，让动作看起来更加优美、协调，还能减少受伤的可能性。良好的柔韧素质对于人体具有极为重要的意义。

（1）一般柔韧。一般柔韧性指个体为适应一般训练顺利进行所需要的柔韧素质。比如，球类运动员在加大必要的步幅时需要腿部的柔韧性来支持；人体在用杠铃进行力量练习时需要大腿后侧肌群的柔韧性。

（2）专项柔韧。专项柔韧性是专项运动所需要的特殊柔韧性，所有的专项柔韧性都建立在一般柔韧性基础上。根据运动项目的不同，专项柔韧表现出各自的特殊需求。比如，速滑和赛跑运动员要求髋、膝、踝关节特别灵活；蝶泳则要求运动员的肩、腰部位的活动幅度；体操运动员的肩、髋、腰、腿等部位必须表现出大幅度的活动范围。在进行柔韧训练时，会将动作原本需要的运动幅度进行扩大，这种主动的超出叫作柔韧性的储备，它是完成高水平动作的基础。

5. 灵敏素质

灵敏素质是指人体在各种突然的条件下协调、快速、准确地完成动作的能力。熟练掌握运动技能是灵敏素质的必要前提，灵敏素质没有固定的、标准的量化单位，只能通过动作的熟练程度来显示灵敏素质的高低。衡量灵敏素质的发展水平主要从三个方面来判断。首先是快速应变能力，其次是综合表现能力，最后是能在各种条件下准确、熟练地完成动作的能力。同其他素质要求一样，灵敏素质在不同的运动项目中要求也各不相同。灵敏素质是协调发挥各种身体素质、提高技术动作水平、创造优异成绩的重要条件。

6. 协调素质

协调素质是指人体准确的、有控制的完成运动的能力。协调运动的产生需要有功能完整的深感觉、前庭、小脑和锥体外系的参与，其中小脑对协调运动起着重要作用。每当大脑皮质发出运动的命令时，小脑便随之产生作用。协调素质训练是指在各种复杂的情况下，运动员能够迅速、敏捷、协调地完成各种复杂动作的能力。协调素质是其他各种运动素质的综合表现，它主要表现在反应、起动、变换方向的速度，并能更快、更有效地提高运动员的综合反应能力。协调素质可以更好地帮助人体在复杂多变的环境中运用技术和战术，是竞技运动的重要体能素质要求。它不仅要求运动员做出及时、准确、合理的力量、速度反应，完成运动项目的要求，还要具有一定的优美性，协调性越强，运动员整合爆发力、平衡力、柔韧性等的能力也就越高。所以，对于竞技运动员而言，协调性是非常重要的素质能力。

7. 平衡素质

平衡素质是人体通过力量、柔韧、协调等多方面素质共同保持身体平衡与稳定的能力。平衡力是体育运动中非常重要的能力，对专业运动员在力量训练或者竞技比赛时的动作完成度有着极高的意义。人体如果失去了平衡，就很难做好其他动作训练。对于运动员更是如此，如果失去平衡力，那么力量的大小、技术的优劣则无从谈起。在高校的体育训练中，平衡力应该在各个专项运动的学习中被重视起来，体育教师在教学中要加强对学生进行平衡素质训练。因为，平衡力不仅仅是运动中的重要素质能力，而且在日常生活的各种活动中也处处被需要。

三、超量恢复理论

超量恢复原理是体育训练中一条非常重要的原理。只有科学地利用超量恢复训练原理，人体的训练才能达到事半功倍的效果，如果无视超量恢复，那么训练可能是极为低效的，很难得到有效的提高。超量恢复可形象地描述为在两次训练的间歇，人体为了适应上次的训练而发展出超量的能力水平,选择这个时机进行下一次训练,就会让这种适应得到加强,从而发展体能素质,使人体的机能水平不断提高。

运动训练就是不断揭高机体的运动负荷从而实现提高体能的目的。但是在训练过程中,准确把握超量恢复的时间,选择最适宜的休息间隔以保证完成训练任务又取得良好的训练效果,是训练中较难把握的问题。但是有研究发现,在运动时消耗了的 ATP 和 CP 大部分在 2~3 分钟内恢复。不过一次最大量的 ATP—CP 消耗的练习,休息 2~3 分钟时间就太长了,当恢复至原来的二分之一时,就可以安排下一次训练。

第二节　高校体育训练发展现状与问题分析

一、高校体育训练的发展现状

(一) 高校体育训练的课程现状

随着我国素质教育、终身教育的逐渐落实和展开,高校体育训练也较好地发展起来,高校的运动专业课程也在不断地深化改革。其课程的发展现状可从以下几个方面来体现。

1. 社会需要方面

社会对高校体育训练的需求,在某种程度上决定了高校体育课程的设置和安排。社会需要因素包含社会政治、经济、科学文化发展对体育训练所提出的要求,主要体现在对培养人的素质方面的要求。随着社会文明的发展,各个领域进一步细分和垂直发展,社会对体育人才的需求增长起到很强的促进作用,如一些新兴职业的出现:体育保健员、社会体育指导员、体育记者、运动医学专家等。而且这种需求还在不断发展之中,需要进一步拓宽高校体育专业课程对人才的培养。从整体来看,目前我国高校体育训练课程的设置,已经将社会对专业人才的要求落实到课程计划当中,包括课程目标、选材与课程内容、课程实施及课程评价等,都是以社会需要为指导方向,以适应社会的发展为前提。

2. 专业、学科发展方面

专业与学科的发展是相互关联的,高校体育训练课程的发展是以学科发展为前提的,是相关学科的有机结合，积极借助相关学科的最新进展，是促进高校体育训练课程发展的另一个因素。

（二）高校体育训练的目标现状

我国各高校体育运动训练专业培养目标主要分四类。

1. 培养学校体育实践人才

如河北师范大学、东北师范大学等示范院校。

2. 培养体育专门人才和复合人才

北京体育大学、天津体育学院、北京体育师范学院等属于这一类的院校。

3. 培养中级专门人才

如山西大学就是以培养中级水平的体育专业人才为主。

4. 培养高级专门人才

以上海体育学院为代表的高校。

可见，我国高校体育运动训练专业的培养目标定位是多层次设置的，它符合社会发展的不同需求，但是与此同时，它的弊端是存在定位不够准确、界限不够分明及方向过窄的现象，这也是今后亟待解决的问题。

（三）高校体育训练的教师现状

我国的高校体育教师基本上处于一个相对独立和封闭的工作空间和生活空间。长期地固定在某一个岗位上，一方面使体育教师对本岗位的业务已经十分熟悉，多年来重复着相同或者相似的教学目标与教学方案。另一方面，这在很大程度上消耗了体育教师的工作热情和工作能力。比如，由于欠缺新的挑战和刺激，他们更倾向于安于现状，教研能力很少得到锻炼甚至逐年弱化。长此以往，体育教师的个人能力会止步不前，也就是说其自身知识技能的更新速度很可能跟不上社会发展对体育教学的要求。如果体育教师不尽快意识到问题并加强学习，将难以适应新时代对体育教学的要求。

（四）高校体育训练的训练现状

我国高校的体育训练课程，在时间安排上多年来都沿袭着传统的模式，如固定的课程、固定的时间和固定的内容。虽然设置了门类比较丰富的体育专业课程和训练，但是在系统建设上还缺乏力度，所做的很多工作主要集中在普及知识和基础训练上，对于进一步的发展如中级或者高级的训练做得还不够。而且随着就业压力越来越大，对体育训练的重视程度也会受到影响，比如，大四的学生除了忙着做毕业设计，不是忙着实习就是忙着考研、考公务员。对于体育专业的学生来讲，他们的就业压力会更大，留给体育训练的时间和精力就会大打折扣。

二、高校体育训练发展的问题

（一）设施建设不完善

影响我国高校体育训练的一个主要客观原因，是基础设施不完善。比如学校的条件十分有限，没有足够的空间或者场地，或者虽有场地但是设施陈旧，由于缺乏维护和更新，有些设备过于老旧已经影响正常使用。在这样的条件下，高校的体育训练可能长期以来都不能正常进行，要么是在训练量上不足，要么是在训练质量上不足。总之，高校的基础设施和场地建设不完善，是导致青年学生训练受到影响的主要客观原因。这些情况的改善，需要高校从综合管理和财务预算上都给予足够的重视。只有校方在思想意识和基础设施上同时给予大力支持，才能从根本上解决高校的训练场地和设施问题。

（二）经费投入不充裕

在经费方面，高校对体育训练的投入力度的确有待加强。有调研数据显示，目前我国有相当数量的高校在体育训练方面的经费投入明显不足以应对训练的实际开支需要。高校的主要目标在于学校规模的扩充和选拔优质生源，在提高综合实力的基础上着力发展学校的重点学科和院系。因此，对体育训练的重视程度不够，那么留给体育训练的经费自然就变得十分有限。没有充足的经费保障，高校学生的训练便无法正常展开。因此，训练经费的欠缺也是制约高校体育训练发展的重要因素。

（三）训练内容不丰富

我国高校的体育运动训练还表现出训练内容与模式比较单一的特性。在高校的重视程度不够、经费投入有限及场地设施不完善的前提下，训练内容单一、训练模式滞后等现象也就不足为奇了。它主要表现在学生的体育训练内容常年保持不变，且不够丰富，竞赛组织较少，校运动队的发展缺乏生气等。有不少高校的体育训练仅局限于最基本的田径项目和几大球类项目，而且也没有对现有的项目进行进一步的建设发展，这是导致高校体育训练发展迟缓的另一个主要原因。

（四）训练目标不明确

我国高校体育训练表现出来的另一个问题是，训练目标不明确，对训练结果缺乏科学严谨的评估，训练计划含糊不清晰，这些都严重制约着高校体育训练的实质性推进。而且这些因素互相牵制，互为因果，难以突破。没有明确的长期目标、中期目标和短期目标，也没有重要的竞赛或者比赛的有力刺激，大多数青年学生的体育训练止步于漫无目的的状态。训练目标不清晰导致教师很难对训练过程进行有效的评估，自然也会导致对评估手段和方法欠缺重视。

（五）训练方法亟待更新

目前，有一些高校的体育训练水平还处于基本根据教练个人经验进行训练的阶段，而教练的个人水平参差不齐，教练的个人知识更新能力及对教学的热情和投入也不尽相同，这使得我国的高校体育训练整体水平差距很大。部分教练员的训练方法和手段达不到训练的要求，比如，训练方法陈旧、训练手段不得当、训练模式单一会严重打击学生的训练积极性，久而久之制约了整体运动成绩的提高。我们的高校体育教师，外出培训交流的机会较少，专业水平得不到提高，在对青年学生的训练过程中，还是根据训练项目的特点按照最传统的训练方法进行训练，严重与社会的实际发展脱节，这制约着青年学生运动技能的提升。

（六）训练管理有待加强

高校在体育训练管理模式、管理水平方面，与专业队的管理还存在着较大的差距。高校的体育训练管理相对松懈和缺乏监管，比如，体育训练课程的内容雷同，专业设置边界模糊，专项教师的水平也良莠不齐。高校没有对专业课程和教师进行定期的教研与培训，有些专项教师组建项目的运动队，利用课余时间进行训练，但是训练效果和训练效率相对较低，与学校的整体教学方向也存在出入，经常以娱乐性的比赛为主，虽然丰富了高校学生的课余生活，但是整体的训练效果没有实质性的提高。

第三节　影响高校体育训练质量和水平的主要因素

一、高校领导对体育训练的重视程度

随着社会的不断发展，社会对于高校学生的体育素质、运动水平、身体素质也在不断提出要求。社会竞争日趋激烈，对人才的要求必然会越来越高，青年学生须在德智体美方面均衡发展，才符合新时代对人才的需求和定义。因此，高校的体育训练是教育教学过程中非常重要的环节，其意义也越来越凸显，只有高校的体育教育引起学校的重视，才可能培养出德才兼备、身心健康的人才。我国很多高校已经将体育训练作为一项提高学生身体素质、培养学生体育运动技能的重要途径。

（一）提升学校管理水平

首先，高校的体育训练管理水平需要得到提升。主要可以从三个方面入手：一是对校运动队加强管理，二是对体育教师加强管理，三是对青年学生加强管理。对校运动队的管理应该从专项发展、队训建设及学校利益三个方面着手。从学校运动队的现实水平出发，建立合适的发展目标，争取使高校的专项运动项目得到长期稳定的发展。对体育教师的管理应该从机制建设上将体育教师的训练补贴、奖励绩效及职称晋升直接挂钩训练成绩，鼓励体育教师在体育训练中投入更多的精力和心思，提升运动队的训练水平和运动能力。学生管理突出学生的"主体"地位，以青年学生为中心，以发展他们的体育素质、培养他们建立良好的体育训练习惯为目标，使青年学生养成健康的生活习惯，使体育锻炼成为他们的终身习惯。

（二）多元发展训练项目

高校应该促进训练项目多元发展。从运动项目的角度来说，增添新兴体育项目，传承民族传统体育项目等都是高校体育发展的重要途径。比如，网球、棒球、橄榄球、攀岩、户外拓展及高尔夫球等新兴项目让高校体育发展更具活力；而舞龙、舞狮、武术套路等民

俗体育项目使高校的体育发展更为多样化。除此之外，也可以根据高校的地域位置合理规划富有地域特色的水上运动项目、山地运动项目。总之，促进高校训练项目的多元发展，是从整体上提升训练质量和训练水平的基础要素。

（三）增加专项经费的投入

学校发展体育训练，经费投入必不可少。只有在经费充足的情况下，训练项目的增设、训练场地的更新维护、训练器材的采购、教练员的课时补贴才能实现。虽然高校对体育训练越来越重视，但是在经费投入上还存在较大的差距。部分高校对训练经费的投入仍然较少，不能满足运动队体育训练及普通训练和运动竞赛的需求，这在根本上制约了高校体育教学的发展。体育训练经费的投入需要学校领导和体育部门的支持，需要相关负责人都重视起来，从而结合学校体育训练的需要增加专项经费的投入力度。

二、高校体育教师的素质水平

（一）全面合理的知识结构

作为高校的体育教师，仅熟悉教学大纲和教材，或者仅按照教学大纲完成课堂教学是不够的。在当今社会，体育教师应该有意识地让自己成为"一专多能"的教育工作者。一方面要不断精耕自己的专业，另一方面还要掌握多种运动技能，如运动心理学、运动损伤知识及急救措施等。应该有意识地以自己的专业为核心，不断地扩充知识储备，并关注相关领域的新知识、新技术、新规则、新器材等，不断地扩展自己的知识结构，努力与同行积极交流经验。中国的体育事业在产业化、商业化和市场化等方面正逐步发展和提高，体育已经深入人们生活的方方面面，在这个过程中体育教师应该勇于承担起更多的社会责任，拥有更大的视野，而非仅仅局限于高校的一方讲台、一节体育课。一个具有更大格局和更高视野的体育教师，将对高校体育教学的质量带来积极影响。

（二）热爱教学以身立教

鼓励高校的体育教师成为"一专多能"的人才，其核心目的是提高高校的体育训练质量，一切的努力都是为了提高教学水平。假如，一名体育教师虽然在不断地自我提升，但是却并没有用于教学，也不热爱教学，只为了满足自己的求知欲，那也不是一名称职的体育教师。教学是教师的天职，热爱为学生服务是对教师的基本要求。因此，对体育教师的一项很重要的要求就是要热爱教学和以身立教。相对于其他学科而言，体育教师对学生最有亲和力，他们之间的沟通更加轻松有趣，更加平等，学生更愿意与体育教师交流。体育教师应该好好发挥这一优势，让自己的教学工作更加顺利和出色。

(三) 更新训练手段和方法

其实，训练手段的单一是制约高校体育训练的一个重要原因。青年学生非常活跃，对新鲜事物充满热情。而高校的体育训练很多还延续着传统的训练方式和手段，这些老套的教学模式很容易打击学生的积极性。因此，为了提高学生的训练热情和积极性，高校及体育教师应该从改变教学模式和训练手段开始，不断将新的训练器材、先进的训练理论和方法带进课堂，努力研发新的训练手段和方法。这就要求体育教师结合学校的实际情况，调整训练方法，制订科学合理的训练方案，坚持"引进来"和"走出去"相结合，持续丰富体育训练方法和手段，提高学生参与体育训练的积极性。

(四) 保持自身的运动能力

体育教师自身的运动能力是其职业技能中最基本的能力。体育教师应该始终保持体育锻炼，在自己的专业技能上不要懈怠和放松。很多体育教师将自己的重心转移到教学方面，而疏忽了对自身的训练。在国外，很多体育教师或者体育方面的学者由于有运动员背景，多年来在工作中也一直坚持专业级别的训练，一方面是出于自己的兴趣爱好，另一方面对他们的工作也有莫大的帮助。我们的体育教师也应该加强这方面的投入，让自己保持技不离手状态，始终以专业运动员的水平激励自己。这不但能让教师保持良好的体能，而且对教学工作也是一种无形的帮助。

(五) 不断提高教学能力

教学是高校工作的核心内容，教师是实现这一内容的核心元素。高校的声誉和教学水平，主要通过教师的能力和水平来实现。因此，体育教师要胜任教学工作，除了专业技能，还要具有组织教学活动的能力，驾驭各个教学环节的能力。这就要求体育教师要把握先进的体育教学理论和教学思想，了解高校体育训练的基本要求，并积极适应需求。在教学实践中不断总结、探索、贯彻、深入，不断学习与提高，增强对新课程的执行能力，不断提高自己的教研能力，做到对不同的学生都能因材施教，不断地把最新的相关发展信息与技术融入教学内容中，保持教学与社会不脱节。所以体育教师的教学能力是决定高校体育训练水平的重要因素。

（六）不断提高表达能力

表达能力是体育教师必须具备的重要条件。体育教师的表达能力有别于其他职业对表达能力的要求，这与体育教师的职业特点有关，体育教师传达的知识技能主要以动作执行来体现，因此，体育教师要具有动作表达能力、语言表达能力和情感表达能力。比如，体育教师在体育训练课上，要对动作进行准确的示范，既要保证动作的优美和准确，还要表达得生动到位，使学生建立正确的动作认识、获得美的感受，从而激发出青年学生的学习兴趣和学习热情。另外，体育教师对于动作要领的讲解，特别是对练习方法和手段的说明在其中起到关键作用，它将直接影响学生的学习效果也就是训练效果。体育教师的语言要精练、生动、易懂，并能使学生感到教师的热情、真实、诚恳，从而克服对运动动作的畏难心理。另外，体育教学中体育教师的情感表达能力也非常重要，这是因为在动作示范和语言讲解之外，体育教师的表情、姿势、眼神、手势、仪表等都是传达教学内容和教学精神的媒介，将直接或间接地影响学生的学习情绪和学习效果。因此，体育教师在教学中要做到语言精练而准确，生动而亲切，通过语言、动作、仪表、神情、手势共同配合完成教学和训练。

第二章 高校体育训练的理论指导体系

在当今社会背景下,要想更好地推动体育教育的发展,就必须坚持现代教育理念,以此为指导构建一个科学合理的体育教学与训练理论体系,这样才能保证体育教育的健康持续发展。现代体育教育理念下的体育教学与训练理论涉及多个方面,如运动生理学、运动心理学、运动训练学、教育学等。本章将重点阐述以上理论内容,从而为体育教学与训练奠定良好的理论基础。

第一节 运动生理学理论指导

一、运动锻炼与新陈代谢

(一)水代谢

水对于生命的意义是不言而喻的。水占有人体体重的绝大部分比例。作为如此重要的人体物质,保持体内的水平衡显然是维持人体健康和正常活动的关键。人体中的水分多来自从外界摄入的水或食物,人体可以产生少量的水,这些水是由体内物质代谢过程中产生的附属物质。人体内水的排出有多种方式,主要方式为以尿液的形式排出体外,次要方式有出汗、粪便排泄及呼吸等。运动中的人体内热量会不断聚集,为了维持正常体温,此时就需要通过排汗的方式将热量带出体外。

(二) 糖代谢

糖是人体所需的重要的营养成分，是人体非常重要的供能物质。人体中的糖主要是从植物或动物类食物中获得的。当糖进入体内后，会在消化酶的帮助下转换为葡萄糖分子，继而被机体吸收。但如果摄取的是果糖，其吸收与利用的过程就会变得相对复杂一些。

血糖是合成糖原这种大分子糖的必要要素。糖原有肌糖原和肝糖原两种，从名称可知这两种糖的存储位置不同。需要注意的是，人体的肝脏也能合成葡萄糖或糖原，这就是糖的异生。糖的异生在血糖功能发展中扮演着十分重要的角色。

人们参加运动锻炼都需要一定的能量供应，只有如此运动锻炼才能顺利地进行。一般来说，人体所需的能量主要来自人体内糖的分解代谢。人体中糖的分解代谢有有氧氧化、糖酵解等几种过程形式，不同分解代谢的触发时机不同，并且有着不同的供能特点。有些运动虽然运动量不大，但也会消耗运动者一定的能量。人体在运动的过程中，肌肉中的ATP、CP被消耗，此时肌糖原开始无氧分解从而调动体内供能。这一过程中，肌细胞内钙含量也开始上升，同时增加的还有生长激素、甲状腺激素、雄性激素、儿茶酚胺等，种种改变使肌细胞产生了一些适应性变化，进而增大EK、PFK、磷酸化酶等的活性。而这也是超量恢复理论的重要基础。

人们长时间地参加体育运动锻炼，会消耗大量的糖，在运动结束后及时补充糖分是非常必要的。如果体内存储有足够的糖，并且有足够的氧摄入，则通过糖的有氧代谢方式就可以供给机体在运动中所需的能量，这就是通常所说的糖的有氧代谢。

(三) 脂代谢

脂肪在人体发展的过程中也扮演着十分重要的角色，通常来说，人体内的脂肪主要来自摄入体内的动物脂肪和植物油。脂肪有疏水性的特点，这使得它要想在人体的水环境中分解就需要酶的参与，或是借助从外界摄入的各种乳化剂。与糖相比，脂肪的吸收与转化稍显复杂。

人体对脂肪的吸收可通过小肠上皮细胞直接吞饮脂肪微粒，另一种方式为脂肪微粒的各种成分进入小肠上皮细胞接受再度分解后重新合成脂肪所形成乳糜微粒，该微粒和大分子脂肪酸一并被转移进淋巴管，而甘油和小分子脂肪酸会溶于水后被吸收。如此看来，淋巴和血液是脂肪吸收的两种途径。其中，淋巴吸收是最主要的途径。当脂肪被吸收之后多数会存储于皮下、大网膜或肌肉细胞中，少量脂肪还会以合成磷脂、合成糖脂和合成脂蛋白的形式存储在体内。

脂肪的分解代谢过程最终会产生能量供人体活动所需。但脂肪供能不是运动后第一时间开始的，调动脂肪供能并没有那么容易，往往只是在人体进行那种时间长、运动强度中低等的运动时才会调动脂肪予以供能。脂肪供能是通过有氧代谢完成的，在脂肪的分解代谢过程中其首先会被分解为甘油和脂肪酸，然后继续分解为二碳单位，最终的分解产物为二氧化碳和水。

（四）蛋白质代谢

蛋白质是一种重要的营养素，对于人体而言非常重要。蛋白质同样也是构成人体的基本单位——细胞中的主要成分就是蛋白质。人体中的蛋白质在消耗与补充的动态过程中保持一个平衡。如果要测量人体中蛋白质的代谢状况，可通过测定摄入的氮含量和排出的氮含量的方式进行。一般来说，人体的生理活动状况决定蛋白质的代谢状况。"氮总平衡"的状态多出现于正常成年人之中，此时人体体内的蛋白质的分解与合成基本持平。少年儿童则不同，因为他们正处于身体的快速生长期，这使得他们体内的蛋白质合成量大于分解量，由此体内的氮就会呈现出一种正平衡的状态。而患有某种消耗性疾病的人体内的蛋白质合成量小于分解量，由此体内的氮就会呈现出一种负平衡的状态。

经常参加运动训练对人体蛋白质代谢会产生积极的影响。这一积极影响主要表现在以下两方面：一方面，经常参加运动锻炼能有效促进蛋白质的生成；另一方面，经常参加运动锻炼还能有效促进骨骼肌蛋白质的合成，对于增强人体肌肉力量具有十分重要的意义。

（五）维生素代谢

维生素属于人体内的一种微量元素，但作为一种重要营养元素，对人体生长发育和代谢的维持与运转是不能缺少的。维生素在人体中不能自行合成，要想获取维生素只能通过摄入食物的形式。维生素的种类众多，每种维生素对人体都有不同的作用，而人体则需要全面的维生素补充才能保持机体的正常运转。维生素的奇特之处在于，不同类型的维生素拥有各自独特的结构。虽然维生素对人体起着较多作用，但人体的细胞结构中却不含维生素，且维生素也并不参与对人体能量的提供工作。它们最大的功能就是给体内的能量代谢过程和各种调节过程提供辅助力。

一般来说，维生素在人体中主要是参与辅酶的生成过程。如果人体缺乏某种维生素，就会导致某种酶的催化能力受到限制，从而引发体内的代谢失调。不过尽管维生素的作用如此之大，摄入过量的维生素也是不行的，会给人体带来极大的危害。因此，人体摄入的维生素一定要足量而不能过量。

（六）无机盐代谢

无机盐普遍存在于常见食物中。人体主要以磷酸盐的形式将无机盐存储在骨骼中。除此之外，还有一些少量的如钙、镁等无机盐会以离子的形式存在于体内。

无机盐的重要作用在于调节体内渗透压，以及维持体内酸碱平衡。在体液中，无机盐会被解离为离子，体液中的离子有阴阳之分，其在体内的细胞代谢过程中的作用是不可替代的。

二、运动锻炼与供能系统

（一）磷酸原系统

当人体的磷酸原系统适当ATP被分解后，磷酸肌酸（CP）随即分解并促进ATP再生成的系统。这是一个持续时间非常短暂的过程，过程中不需要氧的参与，也不产生乳酸，据此也被称为"非乳酸能系统"。生理学研究认为，人体全部肌肉中ATP–CP系统的供能维持人的运动时间仅为8秒。由此可总结出磷酸原系统供能的特点为供能快、功率高、总量小、持续时间短。

（二）糖酵解系统

当机体的持续运动时间在8秒以上且强度较大时，迅速提供短期能量供给的磷酸原系统就会显得鞭长莫及。此时，能够支持运动所需ATP再合成的能量来源就要依赖于糖酵解系统了。

作为糖酵解系统中的重要原料，肌糖原在分解葡萄糖为乳酸的过程中生成ATP。如果过程中能持续有氧的参与，所产生的乳酸一部分会在线粒体中被氧化生能，另一部分会合成肝糖原。如果没有氧的参与，则在生成能量的同时还会生成乳酸。乳酸是强酸的一种，这种物质在体内堆积过多会破坏内环境的酸碱平衡稳态，它直接会导致肌肉工作能力下降，给身体带来疲劳感。如此看来，依靠糖原的无氧酵解这种供能方式只能维持肌肉工作几十秒，但毕竟这一系统在缺氧的时候还能产生能量供体内急需，所以，这种供能方式还是有很大作用的。如果用公式的形式表达，可将这一系统的供能过程表示为：骨骼肌糖原或葡萄糖 ATP + 乳酸。

总体而言，两大供能系统的供能过程都可以在没有氧的条件下进行，都是人体运动时的无氧代谢供能系统的组成部分，充当着短时间内人体能量供给者的角色。

（三）有氧氧化系统

人体在氧供应充足的条件下进行运动时，体内所需的 ATP 是由糖、脂肪的有氧氧化来提供的。这种提供 ATP 的方式具有量大和持续时间长的特点，由此使得有氧氧化系统成为运动供能的主要方式。

有氧氧化系统具有一定的供能特点，这决定了它是为人们的那种长时间、高耐力的运动提供能量的系统。而就人的耐力素质来说，其有氧代谢能力和心肺功能是非常重要的，二者之间的联系非常密切。

三、运动锻炼与运动系统

肌肉、骨骼和关节构成人体的运动系统，人体的运动系统支持其参与运动，它们的状态如何很大程度决定着运动者的运动能力。

（一）肌肉

肌肉在人体系统中扮演着十分重要的角色，它是人体运动系统的重要组成部分，人的各种动作及行为都离不开肌肉运动。肌纤维可以说是肌肉的基本组成单位，若干肌纤维排列成肌束，若干肌束聚集起来构成肌肉。

一般来说，人体肌肉主要包括骨骼肌、平滑肌和心肌三种类型，其中骨骼肌数量最多，大约 600 块，主要附着在骨骼上。根据骨骼肌外形的不同，可以将骨骼肌分为长肌、短肌、扁肌和轮匝肌四种类型。

（二）骨

骨骼在人体发展中扮演着重要的角色，它能支撑人体及支持人体的运动行为。人体骨骼的功能主要体现在以下几方面。

1. 支撑功能

人体中骨骼大小不一、形态各异。骨骼之间的连接最终构成一个完整的、坚实的人体框架，使人在外在形态上呈现出一个稳定性的轮廓，并且支撑起体内脏器的重量和固定它们的位置，这样才能使血管和神经能有规律地定向执行循环和传导功能。

2. 运动功能

在人体运动系统中，骨骼可以充当一个非常理想的运动杠杆。在神经系统的调节下和肌肉的带动下，骨骼能够通过对骨绕关节的运动轴进行牵引而产生各种运动。

3. 保护功能

骨骼之间的相互连接会构成一个体腔的壁，许多器官就在这个腔内空间中运转，无疑这个由骨骼构成的体腔壁就为这些脏器提供了保护，如胸骨对胸腔内心脏、肺脏等器官的保护；骨盆对膀胱和众多生殖系统器官的保护等。

4. 造血功能

骨骼中的红骨髓是人体重要的造血器官。

5. 储备钙和磷的功能

骨盐中含有大量的钙和磷等微量元素，这些元素是体内钙、磷代谢的必备物质。

（三）关节

关节在人体运动系统中也扮演着十分重要的角色。关节可以说几乎参与人体的所有运动行为，如果没有关节这一结构，人体的多数动作则难以实现。关节的活动是由骨骼肌的带动牵引完成的，通过骨骼肌的带动，运动环节会绕关节的某一轴运动，如此形成各种人体想要做出的动作。

关节的基本运动形式有四种，具体为在矢状面内绕冠状轴的屈和伸运动；在冠状面内绕矢轴的外展和内收运动；在水平面内绕垂直轴的旋转运动；绕环运动。此外，滑动、水平屈和水平伸也是关节的运动形式。

人们参加各种各样的运动锻炼，都需要关节的参与。经常参加运动也能提升关节部位的活动能力，除此之外，运动还能提高关节囊和韧带的伸展性，增强关节的灵活性，对促进人体健康发展具有非常重要的作用。

第二节 运动心理学理论指导

一、运动动机

运动动机是运动心理学的一个重要因素,动机可以说是驱使个体进行活动的心理动因或内部动力。在动机的激发和影响下,人们能产生各种各样的行为,建立良好的动机是十分重要的。在良好的动机刺激下,人们的活动能向着正确的方向发展,能充分满足人们的需求,实现既定的目标。因此,对于具有运动需求的大学生而言,建立正确的运动动机是十分有必要的。

(一) 动机的形成条件

具体而言,影响动机的因素主要包括内部条件与外部条件两方面。作为大学生来讲,在参加体育教学与训练活动时,要充分认清这两方面的因素。

1. 内部条件

动机的产生需要一定的条件,人的内部条件主要指的是人的"需求",它是个体由于缺乏某种事物而引发的多种不适感。在这样的情况下,人们能激发出强烈的行为。

2. 外部条件

外部条件主要指的是运动个体所接受的各种外部环境刺激,这些刺激也会对人的各种活动产生重要的影响。在外部环境的刺激和影响下,人们能产生不同的动机,因此,营造良好的环境条件对于促进人们的动机和行为具有非常重要的作用。

(二) 动机的分类

动机可以依据不同的标准划分为不同的类型。

1. 以需求性质为依据进行划分

(1) 生物性动机。生物性动机是人与动物都拥有的一种动机,如人们困了就要睡觉、饿了就要吃饭等就属于这一种动机。这一动机的结果非常明显，具有直接性的特点。

（2）社会性动机。社会性动机是为了满足个体的社会属性而产生的动机。人们要想更好地在社会上立足就需要与人沟通和交往，这就是人们的社会性动机。这与动物之间有着一定的区别。

2. 以兴趣特点为依据进行划分

（1）直接动机。直接动机是指那些以直接兴趣为基础且指向活动过程本身的动机。在有些时候，人们参加某一项运动的原因在于怀有对这一项运动的兴趣，能够积极主动地去参加这一项运动，这一项运动符合自身的兴趣期待，参加这一项运动能获得极大的满足感，这就是直接动机。

（2）间接动机。间接动机是指那些以兴趣导向为基础且指向活动结果的动机。在间接动机的影响下，人们喜爱并时常参加某一项运动，但是他们参加这一项运动的主要目的不在于运动本身，而是能通过参加这一项运动所表现出来的能力能够得到其他人的认可。在间接动机下，参与活动者通常关注的是运动导致的结果，如获得比赛胜利、受到他人的赞赏等。

3. 以情感体验为依据进行划分

（1）缺乏性动机。缺乏性动机是以排除危险、威胁、缺乏等需要为特征的动机。这一种动机主要是在厌恶心理的驱使下产生的，如果人们实现了某个任务和目标，这一动机也就会慢慢消失。

（2）丰富性动机。顾名思义，丰富性动机的内容是非常丰富的，如享乐、满足、成就感等是这一动机下产生的内容。这一动机是与缺乏性动机相反的，在这一动机的驱使下，人们会不断地去追求心理上的满足感和成就感，他们在获得这种感受后通常会以更加积极的心态投入学习和工作之中。由此可见，这种动机与缺乏性动机是截然不同的，在这一动机的驱使下，人们会寻求更大的目标，实现更大的理想。

4. 以动机来源为依据进行划分

（1）内部动机。内部动机主要是以生物性需要为基础的，在这一动机的影响下，人们通过参加各种活动获得某种能力，体现出自身的价值，获得成就感和满足感。如人们参加游泳运动锻炼，不仅促进了身形的完善，还极大地提升了自己的无氧与有氧耐力，促进了自身体质的增强。

（2）外部动机。外部动机主要是以人们的社会性需要为基础，在这一动机之下，人们主要通过参加各种活动来获得奖励或实现某种目的，这种动机的来源主要来自外部的动员力量，人们的具体行为驱动主要受此影响。

（三）动机的作用

动机对人的行为会产生各种各样的影响，由此可见动机的作用是非常大的，归纳起来，可以将动机的作用分为以下几点。

1. 始发作用

通过各种动机的影响，人们能参加各种健身活动，从而促进自身体质的增强，这就是动机的始发作用。

2. 指向或选择作用

不同动机会对人们产生不同的影响，如人们参加某一项运动通常是出于健身的动机、娱乐的动机等，由此可见，动机具有一定的指向和选择作用。这一作用是十分明显的。

3. 强化作用

动机还具有重要的强化作用。动机是维持、增加或制止、减弱大众健身运动的力量。要想保持一个积极的参与热度，就需要参与动机保持在较高水平。动机强度越高，人们对参与健身活动的热情和积极性就越高，也更乐于为此付出努力、时间甚至金钱。

二、运动与情绪

情绪也是运动心理学中的重要内容。一般来说，人们在不同情绪状态下处理事务通常会收到不同的效果。一个心理健全的人，其情绪一般是相对稳定的，不易受外界环境变化的影响，即使有影响也不会变得不能自制，总是相对稳定和协调的。实际上，人们参加任何活动都会带有一定的情绪，尤其是在遇到困难和挫折时，情绪会产生较大的波动，这都是正常的，出现一段时间的情绪波动后，心理健康的人会在短期内恢复正常，而心理不健康的人会陷入困难与挫折情绪之中，很长时间难以自拔。一个人面对困难与挫折时自身对情绪的调节能力是展现其心理健康水平的标志。

人们在参加体育运动锻炼时，良好的情绪也会对其产生积极的影响，在良好的情绪状态下参加运动锻炼通常能取得不错的效果。如果是带着良好的情绪参与体育运动锻炼，则会起到为体育运动锻炼"增力"的效果，运动者在锻炼中会表现出高昂和积极的精神状态。反之，运动者参与锻炼的态度就是消极的，便无法取得理想的锻炼效果。

三、运动与智力

智力也是运动心理学的重要内容。人们参加各种各样的活动需要具备一定的智力，对于职业运动员或者一般的运动爱好者而言同样也需要具备相关的智力条件。人的智力会伴随着身体的发育而不断增长，但这种增长趋势会随着年龄的继续增长而出现智力发展与身体发育相脱离的现象，在这一情况下，人的智力与身体活动能力之间的相关很低。但即便如此，人的智力与身体活动能力之间的联系仍然是不可磨灭的。比如，人们在学习某种新的技术动作时，不仅需要身体素质的支撑，同时还需要一定的观察能力、思维理解能力和想象能力等，只有如此才能学习和掌握运动技能。在职业体育运动中，运动智能对于运动员技战术水平的提高具有十分重要的意义。

四、运动与意志

意志，是指支持个体自觉地明确目标、支配行动、克服困难、实现目标的心理过程。拥有良好的意志品质的人，参与体育运动锻炼的积极性一般都非常高，他们参与体育运动锻炼的自觉性和持久性一般也相对较高，意志在其中发挥着非常重要的作用。

对于参加运动健身的人而言，如果他们拥有健康的心理和意志，在参与运动锻炼的过程中则会有清晰的目标，能正确认识健身的目的，做出合理的行为，并自觉地支配自己的行为以实现预期的健身目标。

五、运动与应激和焦虑

（一）应激

应激是指个体对应激源或刺激所做出的各种反应。应激源是指那些唤起机体适应反应的环境事件与情境。应激反应是一种包含应激源、个体对应激源的评价及个体的典型反应等因素相互作用的过程。生活中发生的一系列重大事件，都有可能对我们的应对能力形成挑战，使我们感到难以应付，从而形成应激，带来身体和心理上的不适。这些生活事件打破了我们日常的宁静和平衡，需要我们通过各种途径和手段去进行积极的调整，以适应发展和变化了的环境，由此可见其具有明显的应激性质。

对于一般的运动爱好者而言，在处于高应激的状态下，最好不要参加一些运动强度较大的运动项目，否则就会增加更多的应激源，不仅不利于运动锻炼的顺利进行，甚至还可能会发生运动损伤，得不偿失。

运动者在参加运动锻炼的过程中，对应激的控制应重点关注以下两点。

（1）运动锻炼要合理，要努力产生积极的应激。应激引起机体的本能反应是"搏斗或逃跑"，这时体内动员能量的交感——肾上腺机制，血液中儿茶酚胺水平升高，如果进行大量的运动锻炼，运动机体的能量就会得以释放。如果运动能量被动员而无法释放则会严重扰乱运动机体的身心平衡状态，不利于身体机能的良好发展。

（2）避免参加过量的运动锻炼。运动者如果参加了过量的运动锻炼就容易产生心理耗竭的现象，心理耗竭主要指的是运动者在一定的精神压力下参加运动锻炼，会给自己的身体和心理带来一定的负面影响，产生负效应。在心理耗竭的影响下，运动者是难以取得理想的锻炼效果的，因此，一定要采取各种手段与措施避免心理耗竭现象。

（二）焦虑

焦虑是指由于不能克服障碍或不能达到目标，从而形成的一种紧张、担忧的情绪状态。长期处于这一情绪状态下运动锻炼是很难获得理想效果的，甚至还有可能带来不同程度的运动伤害。因此，加强这一情绪状态的改善是十分重要的。

一般来说，焦虑的形式可以分为以下几种。

1. 状态焦虑

状态焦虑可以说是一种由紧张和忧虑所造成的一些可意识到的主观感受，属于神经系统的高度自主的活动。一些刚踏入足坛的运动员，在初次踏入球场参加比赛时通常会有一定的紧张感，这就属于赛前状态焦虑的情况。

2. 躯体焦虑

通常情况下，运动员的躯体焦虑都是由运动员自发唤醒的，这一焦虑主要是通过运动员的心率、呼吸、出汗等情况表现出来。

3. 特质焦虑

特质焦虑是指在各种情境中产生焦虑反应的情绪倾向和行为倾向。这一焦虑情况主要指的是人们以一种特殊的焦虑反应方式和焦虑反应程度来对待事物的倾向，从而显示出多种情境中焦虑反应的一致性。

4. 认知焦虑

认知焦虑主要指的是焦虑的认知性特征，这一认知焦虑主要是由对内外刺激的评价引起的。一般情况下，躯体焦虑和认知焦虑在概念上是相对独立的，但在某种特殊情况下可以发生一定的改变。

六、体育教学与训练活动参与者的心理过程

（一）运动感知过程

1. 感觉系统与体育运动

（1）动觉。动觉也就是我们通常所说的本体感觉，它负责将身体运动的信息传入大脑，使个体对身体各部位的位置和运动有所知觉。一般来说，人体的动觉主要有肌觉、腱觉、关节觉和平衡觉等几个部分。当人的机体参与各种活动时，肌肉与肌腱的扩张与收缩，以及关节之间的压迫，产生刺激并引起神经冲动，传入中枢神经系统而引起动觉。运动者要想有效地提升自身的运动水平，发展自身的动觉是尤为必要和重要的。

（2）视觉。视觉主要是通过眼睛、视传入神经和视觉中枢产生的，对波长为380～740 nm之间的电磁辐射产生的感觉。视觉对绝大多数运动项目来说都是至关重要的，以羽毛球运动为例，运动者在参与比赛的过程中，始终盯着球而运动，仔细观察球的空间、方位等，确定合理的行动定向，只有如此才能更好地掌控整个比赛。

（3）听觉。听觉是通过耳朵、听传入神经和听觉中枢对频率为20～20 000 Hz的声音刺激产生的感觉。听觉刺激可以通过中枢神经系统的兴奋扩散效应，诱发动觉枢的兴奋，从而产生节奏感，即听觉和动觉的联合知觉。

2. 知觉系统与体育运动

（1）空间知觉。空间知觉指的是对物体空间特性的集中反映，一般情况下，主要包括形状知觉、大小知觉、深度知觉、立体知觉等内容。比如，足球运动中，运动员对来球要做好判断，需要清晰地了解对方队员和自己的空间特征情况及彼此的关系等，只有如此才能占据有利的接球位置，便于接下来的技术动作的完成。

（2）时间知觉。时间知觉主要指的是对时间长短、快慢、节奏和先后次序关系的反映。一般来说，人们产生时间知觉的重要依据是自然界的有规律的周期性变化，以及人体的发展规律与特征。比如，在网球运动中，运动员接发球除了具备良好的技术能力外，还要注意接发球的良好时机，如果时机不好，接发球的质量就难以保证。

（3）运动知觉。运动知觉是对外界物体运动和机体自身运动的反映。通常情况下，运

动知觉主要包括运动者对自身运动的知觉和对外界物体运动的知觉，这两种知觉都是必不可少的。依据动作的形态、幅度及时空等方面的特征，我们可以将运动者的运动知觉分为四类：运动形态知觉、运动幅度知觉、自身运动的时间知觉，以及身体空间位置和方向知觉。根据动觉分析器及其他分析器提供的信息，可以将运动者的运动知觉分为八类：主动运动时的用力知觉、运动器官发生改变时的知觉、分辨运动器官活动开始与终结时的方位知觉、运动器官提升到一定高度时的用力知觉、身体运动的速度知觉、身体表面接触到外界物体时的各种触觉、躯体或运动器官位置变化时的各种平衡知觉和来自心脏的各种知觉。

为保证学生参加体育运动锻炼的科学性，我们可以根据运动项目的特征与规律，测量学生的专项运动知觉，保证学生的运动技术水平能够得到一定的发展和提高。通常情况下，运动者的运动知觉主要受以下四方面的制约。

第一，运动物体的形状大小与速度知觉成反比关系。

第二，运动物体的形状大小与运动速度知觉的下阈限及上阈限成正比关系。

第三，运动场地的变化会在一定程度上影响运动者速度知觉的发挥。

第四，一般情况下，光线亮度与速度知觉成正比关系。

（4）专门化知觉。专门化知觉是运动员在长期实践过程中形成的一种综合性知觉，它能对运动员自身运动和环境因素做出精确的分析和判断，是对运动员心理要求的一个重要方面。一般来说，运动员专门化知觉的特点主要体现在以下三方面。

第一，专门化知觉具有重要的综合性特点，它依赖多种分析器同时活动。

第二，专项性不同的分析器依据不同特点在不同的专门化知觉中起不同的作用。

第三，动觉是专门化知觉的主要因素。如球类项目的球感就以高度发展的动觉为基础。对专门化知觉的测量因运动项目而异，同时还要注意测量的方法。

（二）运动记忆过程

在平时的学习、工作和运动中，人们的一切活动可以说都与运动记忆有着极为密切的关系。运动记忆与人体的肌肉活动密切相关，与形象记忆、情绪记忆等有明显的区别。

1. 短时运动记忆与长时运动记忆

短时运动记忆是指在对一个运动项目的练习停止后，其遗忘的速率会随着时间的变化而变化，遗忘的进程先快后慢，但其记忆的内容不会被全部忘记。而长时运动记忆是指学习一项运动技能后，一旦熟练掌握，就能记忆相当长的一段时间，在这一段时间里不容易遗忘。

2. 运动表象

内部表象是指以内部直觉为基础，以内心体验的方式感受自己的运动操作活动，表象自己正在做各种动作。其实质是动觉表象或者肌肉运动表象。外部表象是指表象时可从旁观者的角度看到其表象的内容，其实质是视觉表象，感受不到身体内部的变化。内部表象时的肌肉活动要高于外部表象时的肌肉活动。

3. 运动记忆中的信息加工

认知心理学理论认为，在短时记忆的短暂时间中，个体对产生于本身的刺激，通过知觉组织加以处理，将零散的个别信息组合成一个包括多个单元的、便于记忆的整体，这就是运动记忆中的信息加工。对大部分人来说，在短时间单纯依靠记忆是很难准确地记住太多内容的，这就需要在大脑中进行某种组合加工，以"组块"的形式储入短时记忆。

（三）运动思维过程

根据思维的抽象性对思维进行分类，可将思维分为直观行动思维、具体形象思维和抽象逻辑思维。人类最初发展的思维形式都是直观行动思维。一般来说，直观行动思维在个体发展中向两个方向转化：一是在思维中的成分逐渐减少，具体形象思维增多；二是高水平的操作思维发展迅速。操作思维是反映肌肉动作和操作对象的相互关系及其规律的一种思维活动，运动员掌握运动技能和表现运动技能，都需要发达的操作思维作为认识基础，否则就很难掌握与提高运动技术水平。

第三节 运动训练学理论指导

一、运动训练学的概念

运动训练学可以说是一门研究和反映运动训练一般规律的新型的体育交叉学科，这一学科的理论体系如图2-1所示。伴随着现代社会的不断发展，运动训练与其他学科的联系越来越密切，逐步呈现出综合化的发展趋向，通过多学科的交融与发展，运动训练学理论体系日益完善。一个交叉性的运动训练学体系如图2-2所示。

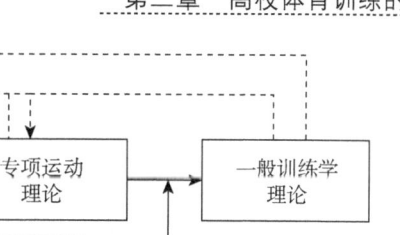

图 2-1 运动训练学理论体系

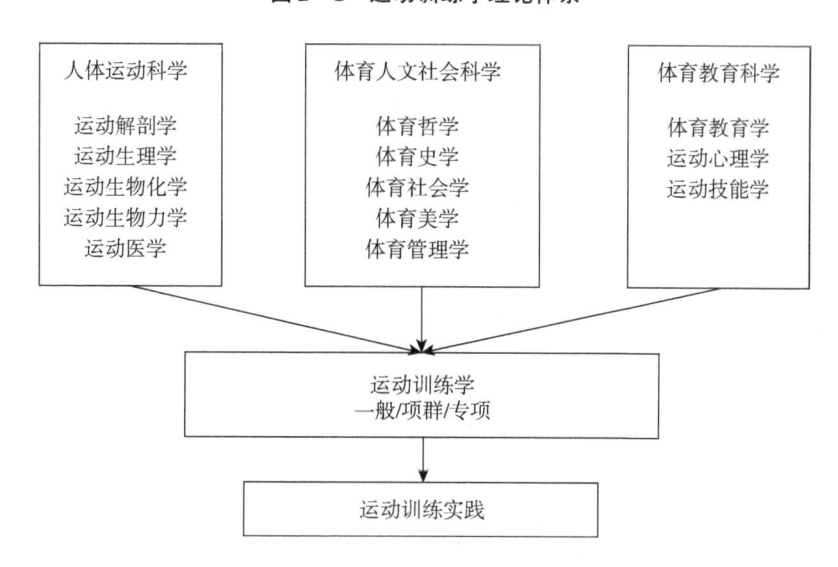

图 2-2 交叉性的运动训练学体系

二、运动训练学的研究内容

通常情况下，运动训练学主要从横向与纵向两个维度上研究运动训练的相关问题，如图 2-3 在横向维度上主要研究运动的训练原则、训练方法、训练内容、训练负荷及训练安排；在纵向维度上主要研究一般训练、专项训练和项群训练的相关问题，纵向维度上各项内容的研究都会涉及横向维度上的几个训练要素。

三、运动训练的内容

（一）体能训练

进行体能训练的主要目的在于促进运动者身体素质的发展和提高，只有体能素质得到了提高，才能为接下来的运动锻炼奠定良好的基础。运动者在进行体能锻炼的过程中一定要把握全面与重点结合的原则，全面指的是所有的身体素质共同发展，重点是指发展专项运动所要求的专项体能素质。

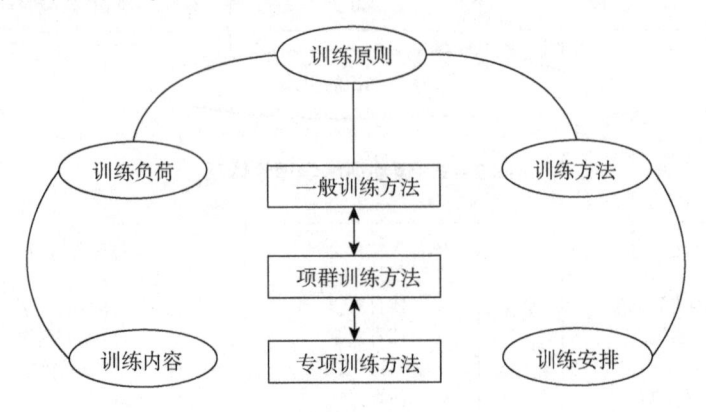

图 2-3 运动训练学研究内容

一般来说，运动员体能训练的内容分别如图 2-4、图 2-5 所示。

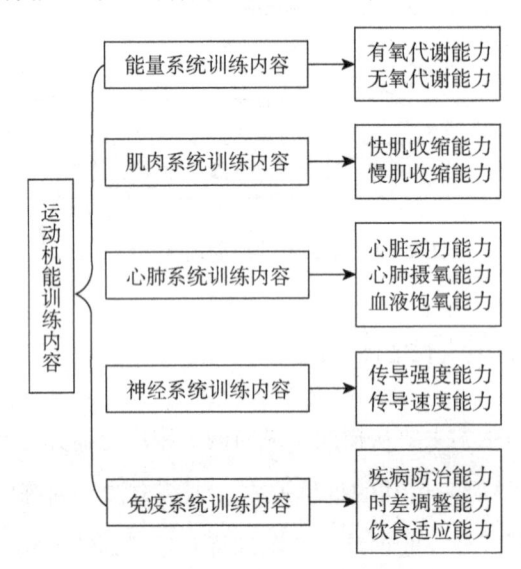

图 2-4 运动机能训练内容

（二）心理训练

心理训练也是运动员运动训练的重要内容之一，通过心理训练，运动员的意志品质、思维品质等都能得到很好的锻炼。心理训练并不是孤立的，一般情况下要融入其他训练内容中，这样才能取得更好的效果。当然了，也可以进行专门化的心理训练，以促进运动员心理水平的提高。

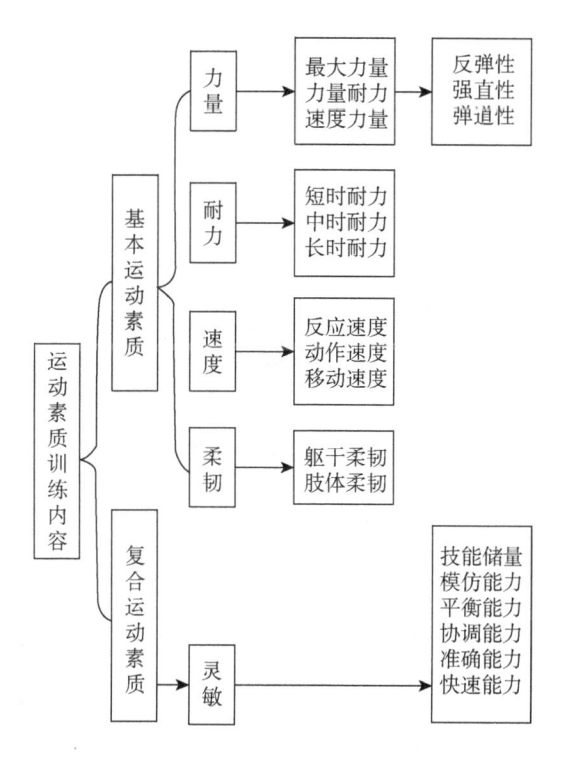

图 2-5　运动素质训练内容

一般来说，运动心理训练内容如图 2-6 所示。

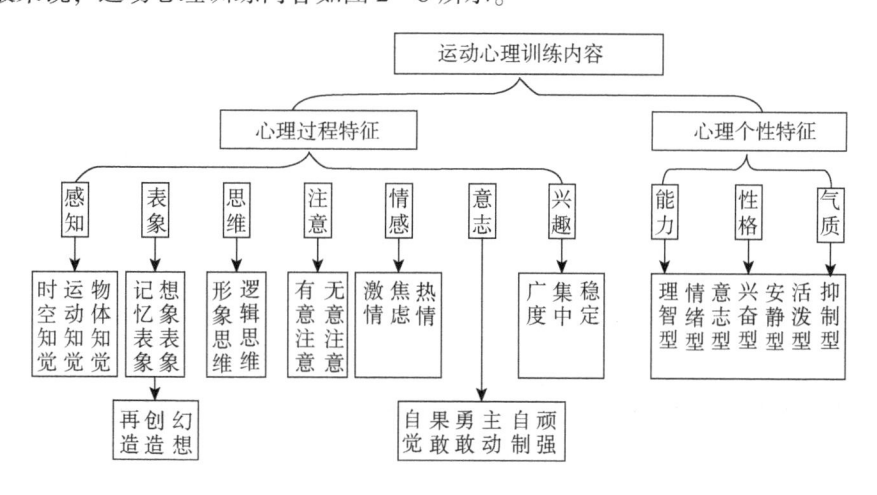

图 2-6　运动心理训练内容

（三）智能训练

运动智能指的是运动员在运动训练或竞技比赛中运用基础和专项理论知识，认识训练和竞赛的一般或特殊规律并解决现实问题的能力。运动智能训练内容如图2-7所示。

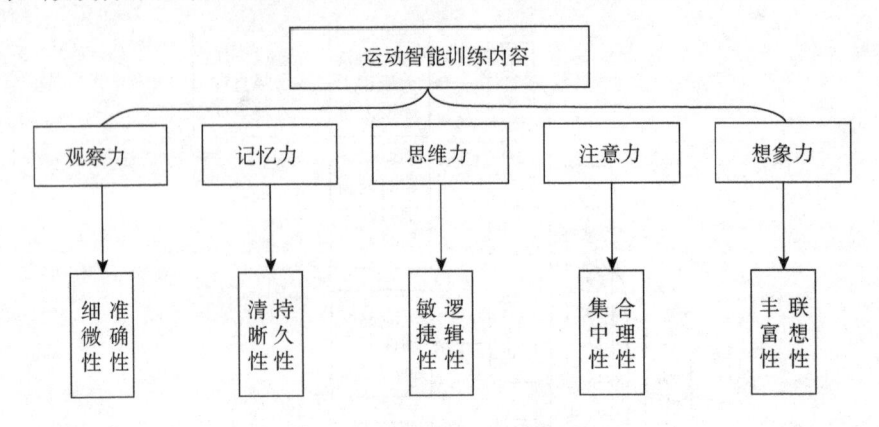

图2-7 运动智能训练内容

（四）技术训练

技术训练是改进、提高和完善运动动作的运动训练，它是运动训练的高级阶段。技术训练的内容相对比较广泛，高水平运动员的技术训练相对专一。运动技术训练涉及技术环节、技术细节、技术基础三个维度，如图2-8所示。

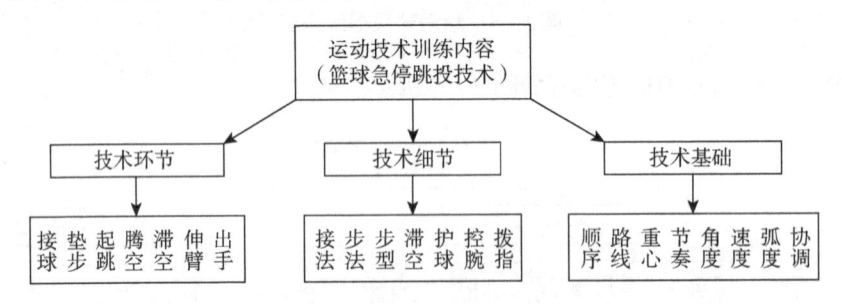

图2-8 运动技术训练内容

（五）战术训练

战术训练是结合专项比赛的要求，培养运动员独立作战或集体配合能力的运动训练。对运动员战术意识的培养应从早期训练抓起。

运动战术训练内容如图2-9所示。

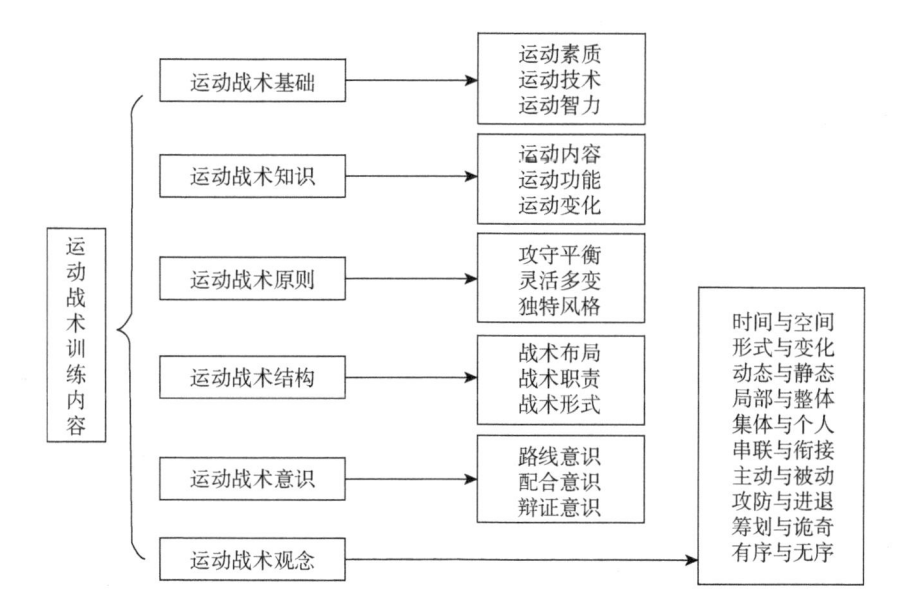

```
                    ┌─ 运动战术基础 ──→ 运动素质 / 运动技术 / 运动智力
                    │
                    ├─ 运动战术知识 ──→ 运动内容 / 运动功能 / 运动变化
运  运               │
动  动               ├─ 运动战术原则 ──→ 攻守平衡 / 灵活多变 / 独特风格
战  战               │                                                  时间与空间
术  术               │                                                  形式与变化
训  内               ├─ 运动战术结构 ──→ 战术布局 / 战术职责 / 战术形式   动态与静态
练  容               │                                                  局部与整体
内                   │                                                  集体与个人
容                   ├─ 运动战术意识 ──→ 路线意识 / 配合意识 / 辩证意识   串联与衔接
                    │                                                  主动与被动
                    │                                                  攻防与进退
                    └─ 运动战术观念 ─────────────────────────────────→  筹划与诡奇
                                                                       有序与无序
```

图 2-9 运动战术训练内容

第三章 高校体育训练水平提升的创新理论与实证研究

创新是竞技体育的灵魂,离开创新,运动员很难获得长远的发展,也难以在比赛成绩上取得新的突破。因此,创新是提升高校体育训练水平的根本动力。体能训练、技战术训练、心理训练是高校体育训练的重要组成部分,在各项训练中贯彻创新理念,对提高训练效率、改善训练效果及最终提升运动员的竞技能力和健康水平具有重要意义。我国很多高校在体育训练中都很重视创新,并且通过科学研究用事实证明了创新带来的良好效果。本章主要对高校体育训练水平提升的创新及实证展开研究,从体能、技战术及运动心理三个方面论证创新的重要意义。

第一节 体能训练创新与实证研究

一、体能训练理念创新

(一) 以智能化技术为基础,创新训练理念

现代体能训练的发展呈现出鲜明的智能化趋势,科学化、科技化及智能化水平越来越高。将智能技术引进高校体能训练中,充分发挥智能技术的优势及应用价值,对提高高校

体能训练效率具有重要意义。例如，可以利用智能技术动态性地监测运动员体能训练效果，对运动员的体能状况进行实时跟踪，并根据智能反馈提出意见或建议，以提高体能训练的针对性和科学性。此外，可以将智能软件、信息技术等现代化手段应用到高校体能测试中，结合大学生的体能状况为其制订科学化和个性化的运动训练处方，提高训练的效率和效果。智能软件的优势主要体现在数据收集的快速性、数据分析的准确性、数据传播的广泛性等多个方面，利用这些优势进行体能测试与训练，能够为体能训练效果的提升提供重要的科技支撑，从而促进大学生运动员健康水平和体能水平的全面提高。在高校体能训练评估指标的设计中也可以将现代智能技术充分利用起来，创建智能化评估平台，提高评估效率，并通过评估激励大学生运动员积极参与体能训练，运用多元化、创新性的训练方式自觉提升健康水平和专项体能水平，为高效学习和参与比赛奠定良好的健康基础与体能基础。

（二）以生活化诠释为指引，重构训练模式

高校体能训练的科学实施离不开生活化这一重要因素。大学生参加体能训练的行为是否积极，与其对待健康和竞技能力的态度有重要关系。在高校体能训练理念与模式的创新中，大学生的健康永远都要放在首位，结合大学生的现实生活因素进行体能训练，将日常生活与体能训练有机结合起来，使大学生对健康的重要性、体能训练对健康促进的重要性有深刻的认识，从而积极参与体能训练，从中享受乐趣，获得成就感，提升健康水平和综合体能水平。此外，要重视对大学生健康生活理念和良好生活习惯的培养，使大学生在日常健康生活中自觉进行体育锻炼和体能训练，养成健康、规范的行为习惯，为持久健康与全面发展奠定良好的基础。为了实现体能训练与日常生活的高度结合，教练员要善于从大学生的生活与学习中挖掘体育素材，根据大学生的兴趣爱好来改造素材，依托这些素材设计大学生感兴趣的训练方式，从而提升体能训练的乐趣，强化大学生对体能训练的认同感和参与感，使大学生自觉积极地参与和自己生活贴近的体能训练活动。

二、体能训练方法创新

（一）新型体能训练方法

我国体能训练理论和训练方法主要是从苏联借鉴而来的，相对比较落后，这些传统的

训练理论与方法一直沿用至今，已经不适应我国体育事业的发展现状了。我国体能训练因为受传统训练理念的影响较深，在"项群理论""三大一从"等传统训练理论下形成的训练方法比较陈旧单一，限制了现代体能训练的发展和我国运动员体能水平的提升。在我国高校体能训练中，普遍存在着身体训练就是体能训练的认识误区，而且为了提高训练成绩，一味加大训练负荷，延长训练时间，导致大学生运动员体能衰竭出现的时间较早。在部分高校的体能训练中，教练员和运动员简单地认为体能训练主要就是进行力量和耐力训练，而且在力量训练中反复进行杠铃训练，训练方式单一。高校体能训练缺乏针对性和全面性，而且很多教练员都没有从运动员的实际情况出发而设计包含体能全部内容并有所侧重的体能训练计划，且不管运动员体能状况如何，都只是进行单一的力量训练和耐力训练，单纯通过加大训练强度来提升训练效果，对运动员体能的持续发展造成了限制。

运动员在训练与比赛中，要顺利完成技术动作，需要有良好的肌肉控制性与稳定性，这对运动员的动态稳定能力即维持身体稳定状态的能力提出了较高的要求。所以在高校体能训练中，不仅要进行肌肉力量训练，还要进行肌肉稳定性训练，提升肌肉持久稳定运动的能力，这是运动员尤其是对抗类项目运动员提升运动训练能力和比赛成绩的重要体能条件。对此，高校必须将对大学生运动员身体稳定能力的训练纳入体能训练计划中，予以高度重视。小肌肉群训练是动态稳定能力训练的主要内容，高校体能训练往往主要是进行大肌群训练，没有针对性地锻炼小肌肉群，这是运动员在训练或比赛中出现动作不平衡、出现慢性损伤的主要原因之一。所以在日常体能训练中必须加强小肌群训练，使运动员肌肉稳定活动能力、控制能力改善与提升，从而促进肌肉力量平衡发展，预防慢性损伤。

对运动员肌肉稳定性训练的重要性有了深入的认识后，就要根据运动员的实际情况为其设计专门的训练处方，旨在促进运动员在非平衡环境下肌肉持续稳定活动能力及爆发力的提升，这方面的训练方法参考表3-1。

表3-1 新型体能训练方法[①]

训练方法	训练目标
波比跳	发展全身协调性及心肺功能
杠铃高翻	发展全身爆发力
蝴蝶引体	发展背部及上肢爆发力

[①] 宫兵兵，吕康，蒋杨林. 论体能训练的创新及应用——以安徽省运动员为例[J]. 安徽师范大学学报（自然科学版），2021，44（3）：302-306.

续表

训练方法	训练目标
徒手爬行	发展全身协调性
悬吊俯卧撑	发展上肢稳定性
悬吊开合腿	发展脊柱稳定性
悬吊卷腹	发展腹部力量及脊柱稳定性
半瑞士球深蹲	发展下肢稳定性

（二）体能训练新方法的作用

表3-1所示的新型体能训练方法对运动员来说具有重要意义，具体表现在以下三个方面。

1. 减少体能消耗

很多体育项目都对运动员的体力提出了较高的要求，表现性项目和对抗性项目在这方面的要求尤为显著。运动员除了要在日常生活中有意识地改善自己的体力素质，关键要在科学而系统的体能训练中通过合理的训练方式减少不必要的体能消耗，维持肌肉持续工作的能力，从而坚持到最后，取得理想的比赛成绩。传统体能训练主要是训练大肌群，经过长期的训练，可以显著提高大肌群的绝对力量，但有些运动环境需要运动员不断做出快速反应，此时如果只靠发达的大肌群去完成"指令"，就会消耗大量的能量，从而影响技术动作的完成质量，也会使运动员很难坚持到最后时刻。新型体能训练主要是对深层核心小肌肉群加以刺激和训练，有助于节约体能消耗，使运动疲劳出现的时间晚一些，这为运动员持久发挥技能水平奠定了良好的体能基础。

2. 改善稳定性

对于从事任何运动项目的运动员来说，肌肉稳定性都是必不可少的体能素质，不管是一般水平的运动员，还是高水平运动员，在竞争激烈的比赛环境中，场上状况千变万化，运动员必须高度集中注意力，以良好的判断力和节奏控制力对战况进行分析和预测，从而结合实际情况做出决策，尽可能高质量完成每项技战术，赢得比赛胜利。但是，比赛场上的情况瞬息万变，在对抗过程中，一旦节奏发生变化，就会有很多意想不到的情况出现，而此时如果运动员缺乏良好的身体稳定性和肌肉持续活动能力，便很难与对手相抗衡，容易占据下风，陷入被动，比赛结果也往往不理想。而在这种运动环境下，如果运动员保持身体稳定的能力很强，那么对其来说就是难得的优势，而对对手来说是颇具威胁性的。良好的身体控制能力为运动员高质量完成技战术并持续作战提供良好的身体支撑，有助于运动员将自身技术优势充分发挥出来，取得比赛的胜利。

3. 预防运动损伤

在运动训练和竞技比赛中，运动员难免会因为各种各样的原因而发生运动损伤，要完全避免损伤是很难的，我们要尽最大的努力去预防损伤，降低损伤发生的概率，减少损伤带来的危害。运动人体科学相关学科一直都在研究关于运动员损伤的预防和处理问题，虽然研究成果显著，但运动损伤事件从未断过，时有发生，影响了伤者的身心健康和运动生涯，甚至给运动员的一生都带来了困扰。从运动损伤发生的原因来看，思想轻视、动作不规范、缺乏热身准备等都是常见的原因，这也是老生常谈的几个原因，但缺乏良好的身体稳定性作为导致运动损伤发生的关键原因之一却常常被忽视。通过新型体能训练方法提升核心肌群的稳定性，可以有效提高身体稳定性，使运动员在对抗运动环境下依然能够持续"输出"，稳定发挥，同时有效预防损伤发生。在运动员康复训练中也可采用新型训练方法达到康复的目的。

（三）将体能训练新方法运用到高校体能训练中的建议

1. 训练方案科学

提升体能水平，为充分发挥专项技能水平而奠定基础，这是体能训练的主要目的。不同类型的运动项目因为专项技能的差异而对运动员的体能素质提出了不同的要求。因此，要根据专项需要而设计体能训练新方法的应用方案，并根据运动员专项技能水平的变化而不断调整训练方案，通过实施科学的、个性化的、与时俱进的训练方案来有效提升运动员的体能水平，满足专项需要，提高运动成绩。

2. 训练配比合理

体能训练新方法运用到体能训练过程中，并不意味着要否定传统体能训练模式，更不能删除力量、速度、耐力、柔韧、灵敏等传统体能训练内容，教练员要从运动员实际情况出发而合理分配传统体能训练和新型体能训练的比例，并一如既往地重视五大体能素质的训练，可以根据训练需要而设计"以传统训练为主，新型训练为辅"或"以新型训练为主，传统训练方法为辅"的不同模式，确保二者之间比例恰当，并随时根据专项要求和运动员现状而调整二者的比例，从而全面提升运动员的综合体能素质。

3. 训练强度适宜

将体能训练新方法运用到体能训练中时，刚开始运动员会因为之前缺乏小肌群训练，突然增加这方面的训练内容而感到不适，完成训练动作对一些运动员来说是比较难的。为了避免引起运动员身体不适和心理抗拒，降低运动员的紧张感和恐惧感，要循序渐进地安排小肌群训练负荷，先安排小强度训练使运动员适应一段时间，然后逐步过渡到正常强度的训练，再根据训练目标而不断增加强度，逐步提升运动员小肌群的力量和身体在运动场景下的稳定能力及控制能力。

第二节 运动技战术训练创新与实证研究

一、运动技战术训练方法创新

（一）逆向法

逆向法是指在不改变技术原有基本结构的前提下，使其向不同方向发展，从而创造出新的技战术的方法，也就是从现有事物的组成原理、功能特性、结构形态等方面的相反方向引出问题，展开思考的创新方法。针对新的技战术进行训练可实现原有技战术水平和现有技战术水平的共同提高。

（二）递进法

递进法是在不改变原有技战术性质的前提下，使技战术在某个方面发生程度上的递进式变化，从而创造出新的技战术的方法。递进创新法的实质是通过对内容的深化与形式的更新，在"难度""新颖"等方面实现程度上的递进发展。所谓"难"，是指对原技战术内容的进一步深入拓展，所谓"新"必须在技战术表现上独辟蹊径，出奇制胜。二者互为关联，相辅相成，从而超越原有技战术。

（三）移植法

移植法是指不改变原来的技战术，而把它用于其他技战术动作或运动项目训练中去的方法。例如，把铁饼的旋转投掷法移植到铅球上，从而产生旋转推铅球的新技术。

（四）组合法

组合法是指将两个以上的技战术通过组合使之成为新的技战术的方法。其精髓在于组合要素的选择和组合方式的创新设计。在技战术训练中要善于将相似技术组合在一起进行训练，提高训练效率和效果。

（五）复合法

复合法是把原有技战术复合融汇在一起，从而改变原有技战术的性质，呈现出一种新的技战术的方法。这也是运动技战术训练的重要方法之一。

（六）综合法

综合法是将上述方法综合在一起设计出新的技战术训练方法。在复杂技战术的训练中适合采用综合法，将多种训练方式结合起来以提高训练效果。①

二、高校体育训练中技术训练创新实证研究——羽毛球技术训练方法创新实证

王磊在《落点强化练习法对大学生羽毛球运动员后场球技术训练效果的实验研究》一文中运用个案分析和实验研究的方式，研究并证实了落点强化练习法对提升羽毛球运动员后场击球技术能力的重要性。下面以此为例进行实证研究。

（一）实验方案

以长春师范大学羽毛球专选班的两个班级为实验对象，其中一个班级运用落点强化练习进行技术训练（实验组），另一个班级采用传统训练方式（对照组）。训练时间为10周，每周两次，每次90分钟。实验前两个班级的羽毛球技术水平（吊球、后场高远球）没有明显差异。

1. 各组训练方法
（1）对照组。
①训练方法设计。运动员在羽毛球场地左区将球回击到前场、中场和后场后，回到原始位置。前场采用吊球的方式将球击入网前区；回击到中场的球要在中区；回击到后场高远的球要在后场区。
②吊球训练方法。因为训练时间的关系，只采用正手吊球的训练方法。

---

① 唐智明，闫运运. 刍议竞技体育技战术训练之创新 [J]. 山西师大体育学院学报，2001 (2)：68-69.

③后场高远球训练方法。采用传统方法进行训练，击出的球高弧线飞行，几乎垂直落到对方底线附近区域内。

(2) 实验组。

①训练方法设计。主要采用落点强化练习方法，要求运动员在羽毛球场地左区，由右区教练发后场高远球，运动员将球回击到前场、中场和后场后，再回到原始位置。

②吊球训练方法。与对照组相同，只是限制吊球的区域，先按吊直线的方法进行训练，提高吊球的准确性，再进行吊斜线球练习，尽量吊球进入1区或3区，适当多安排吊球落点训练。

③后场高远球训练方法。与对照组的训练相同，但不仅要求球落入后场区域内，还要落入7区或9区区域内。

2. 实验后检测

主要测试实验组和对照组吊球落点的正确率、后场高远球落点的正确率及技术衔接能力，进行组间比较。

(1) 吊球准确性对比。结果见表3-2。

表3-2　吊球准确性的对比结果[1]

组别 准确性	吊球（20次）	P
实验组	17±2.1	<0.05
对照组	14±1.4	

(2) 后场高远球准确性对比。结果见表3-3。

表3-3　后场高远球准确性的对比结果[2]

组别 准确性	后场高远球（20次）	P
实验组	18±2.4	<0.05
对照组	14±3.2	

(3) 技术衔接能力比较。按照技术衔接的好坏用1~10分进行评分。经检验，实验后

---

[1] 王磊. 落点强化练习法对大学生羽毛球运动员后场球技术训练效果的实验研究 [J]. 吉林省教育学院学报, 2017, 33 (10): 171-173.

[2] 王磊. 落点强化练习法对大学生羽毛球运动员后场球技术训练效果的实验研究 [J]. 吉林省教育学院学报, 2017, 33 (10): 171-173.

两组运动员的技术衔接能力有显著差异,实验组运动员更好一些。

(二)结论

实验前,实验组与对照组的运动员在吊球、后场高远球、杀球等后场击球技术方面以及技术衔接能力方面都没有显著差异,实验后,这些能力具有显著性差异,实验组不管是单项技术能力还是技术衔接能力,总体上比对照组强。说明落地强化练习法在提高羽毛球运动员后场击球技术能力方面起到了重要作用。

第三节 运动心理训练创新与实证研究

一、运动心理训练常见方法

(一)肌肉放松法

肌肉放松法是缓解不良运动情绪如紧张、过于激动等的有效方法,通过肌肉放松不仅可以平复情绪,还能促进睡眠质量的提升,消除肌肉疲劳,稳定心理,提升身心健康水平。

(二)动机激发法

运动员在训练和比赛中的良好表现都离不开正确动机的内在驱动。在运动训练和比赛前采用动机激发的方法来调节运动员的心理,将正确的观念传输给运动员,如顽强拼搏、为国争光、集体荣誉、勇者必胜等,使运动员的注意力高度指向正确的方向和理想目标上。此外,也要让运动员正确对待成败,在训练和比赛中只要拼尽全力,尽可能将自己的长处发挥出来,没有遗憾就好。

(三)呼吸调整法

调整呼吸是为了稳定心理状态,提高心理稳定性,吸气时肌肉紧张,呼气时肌肉放松,肌肉张弛对心理状态的调整具有重要影响,能够使运动员克服不良情绪,平复内心,以积极稳定的心理状态去参加训练和比赛，发挥自己的最好水平。

（四）游戏转移法

游戏转移法是一种转移注意力的趣味心理训练方法，如果运动员在训练或比赛前异常紧张、焦虑、烦躁不安，可以用一些生动有趣的游戏来转移运动员的注意力，使其摆脱紧张心理，进入一种放松状态，保持情绪和身心放松。在设计这类游戏时，要提出游戏规则、要求和注意事项，使运动员认真参与，从思想、心理及身体上进入一种新的模式，从而释放不良情绪，调动积极性，以良好的心态参与正式训练或比赛。

二、高校体育训练中运动心理训练创新实证研究——集体运动项目团体心理训练创新实证

凝聚力是集体性体育运动中非常重要的一个组成部分。一个运动队的凝聚力直接影响团队整体比赛能力的发挥。如果运动队中每个运动员都有自己的特长和优势，每名队员的竞技能力都很强，但缺乏团结合作的精神和强烈的集体认同感及凝聚力，那么这样的队伍是难以在比赛中取得好成绩的。相反，如果团队成员默契配合，取长补短，为同一个目标而紧紧团结在一起，将各自的力量与智慧凝聚成集体的大智慧和强大力量，那么在比赛中将会给对手造成很大的威胁。

我国高校体育运动队的凝聚力水平和专业运动队相比还有一定的差距，需要加强心理训练来提升团体凝聚力，而团体心理训练是提升运动员和运动队团体凝聚力及集体战斗力的重要方法。张艳茹在《团体心理训练对提高高校集体运动项目群体凝聚力的实验研究》一文中运用个案分析和实验研究的方式研究并证实了这一点。下面以此为例进行实证分析。

（一）实验方案

选取华北科技学院男子/女子篮球队队员各16人、男子/女子排球队队员各16人作为研究对象（共64人）。将各代表队分别分为实验组和对照组，每组8人（共4个实验组、4个对照组）。实验前实验组和对照组的凝聚力各维度（任务吸引、社交吸引、任务一致性、社交一致性）没有明显差异。

实验过程中，对照组进行一般心理训练，实验组在一般心理训练的基础上进行团体心理训练，包括"团体心理游戏训练"和"团体沙盘游戏"，为期8周。

团体心理游戏训练由一位或两位指导员主持，多名团体成员共同参加。指导员设定训练主题，将成员分为课题小组，通过游戏、讨论、分享和引导，解决成员共同的发展课题。通过多次团体活动，团体成员相互交流、探讨，彼此启发，互相支持，鼓励分享，使成员了解自己和他人的心理，以改善人际关系，提升社会适应性，促进人格发展。

沙盘游戏是一种能够触动来访者心灵深处的浅言语层面非语言的治疗手段。团体沙盘游戏在团体中使用沙盘并借助沙盘游戏促进自我探索与解决问题，实质上是团体心理咨询的特殊形式。它为成员之间提供了交流互动的机会与平台，利用众多同质性的个体组成特殊的社会情境。在这样的情境中，不同问题、背景与人格特质的成员分别从各自的视角进行多角度分析，在信任、支持、接纳和分享的民主氛围中提升个体对团体的归属感，发掘个人的心理潜能，增进彼此的情感融合。

为期8周的团队心理训练方案见表3-4。

表3-4　实验组团队心理训练方案[1]

周数	团体沙盘游戏	团体心理游戏
第一周	初始沙盘：来访者选择沙箱→在指导者的引导下体验沙子传递的感受→来访者根据自己的意愿自发制作沙盘作品→指导者与来访者欣赏、体验、理解沙盘作品→指导者记录作品	目标：促进不同实验组成员间的相识，发展友好互动的关系，营造良好的团体气氛 内容： ①"知你知我" ②"组徽大比武" ③"齐心协力" ④总结，分享
第二周	—	目标：活跃团体气氛，促进成员在团体中的分享 内容： ①热身活动：拍手游戏 ②"无家可归" ③"解开千千结" ④"同舟共济" ⑤总结，分享
第三周	第二次团体心理沙盘游戏：操作内容同第一次	目标：感受团体目标，强化团体规范，体会责任与信任 内容： ①"勇于承担责任" ②"信任跌倒" ③"信任圈" ④总结，分享

---

[1] 张艳茹. 团体心理训练对提高高校集体运动项目群体凝聚力的实验研究 [D]. 北京：北京体育大学，2011.

续表

周数	团体沙盘游戏	团体心理游戏
第四周	—	目标：体会沟通在团体中的作用 内容： ①"悄悄话" ②心理案例分享"落单的鸟儿有苦恼" ③"戴高帽" ④总结，分享
第五周	第三次团体心理沙盘游戏：操作内容同第一次	目标：促进自我认识，发掘如何更好地融入团体 内容： ①欣赏"渺小" ②心理案例分析"透过欣赏和接纳的镜子看世界" ③"20个我是谁" ④"天生我才" ⑤总结，分享
第六周	—	目标：明确个人目标，增进与团体的融合 内容： ①心理案例分析"走出迷失的自我" ②"我的五样" ③"洞口余生" ④总结，分享
第七周	第四次团体心理沙盘游戏：操作内容同第一次	目标：暴露冲突，用公开处理的方式提升凝聚力 内容： ①PPT欣赏"感受幸福" ②情景模仿"运动队里的故事" ③"你的问题我来解" ④总结，分享
第八周	—	目标：增加团体吸引力，增强凝聚力 内容： ①"信任之旅" ②"真情告白" ③"大团圆" ④总结，分享

（二）结论与建议

实验后对各组凝聚力进行测验，结果表明，实验组运动员的凝聚力较实验前明显有了提升，而对照组的凝聚力在实验前后没有明显变化，这充分表明了实施团体心理训练对提升团队的凝聚力具有积极影响。

第四章 高校体育训练体系的建设与优化

在体育教育事业中，与体育教学相辅相成的众多因素中，体育训练是非常重要的因素之一，两者相互结合，能达到学训结合、教学相长的成效，这对于提升最终的教育结果是非常有帮助的。因此，建立完善的体育训练体系是非常重要且必要的，尤其是在现代教育理念的背景下，做好体育训练体系的建设与优化工作至关重要，这关系到体育训练的实际成效，同时也对体育教学的效果产生一定影响。本章从对体育运动训练理念的把握、对运动训练原则的遵循、对运动训练方法的掌握、对运动训练计划的参照，以及对学校高水平运动队训练与管理的加强等方面着手，来积极有效地建设和优化体育训练体系，为整个体育教育事业的发展创造有利条件。

第一节 把握科学的体育运动训练理念

一、训练负荷原理

所谓的运动负荷，可以简单理解为是加载于机体上的各种外部物理"功"的总称，也可以将其进一步理解为借助于身体练习的基本手段，对运动员有机体施加的训练刺激。

运动负荷在体育运动训练过程中是适中存在的，其主要由两方面组成，一个是运动量，即负荷对机体刺激的量的大小的反映，一个是运动强度，即负荷对机体刺激的深度的反映。在体育运动训练过程中，一定要对运动训练的时间、运动强度、运动量等方面的选择与安排加以注意，从而保证训练负荷的合理性，也保证训练效果的理想化。

（一）负荷组成

对于运动负荷的刺激，人体是会有所反应的，这在生理和心理两方面都有体现。人的生理活动与心理活动之间的关系非常密切，需要特别注意的是，生理负荷可以通过一定的指标进行定量测量，因而在体育运动训练中，通常会借助数量和强度指标来有效评价训练负荷。

在体育运动训练负荷中，运动数量和运动强度是非常重要的两个基本因素。其中，运动数量指的是全部训练时间内所经历的距离或者次数，由此，能够在一定程度上体现出机体承受刺激的数量特征；运动强度则可以将刺激的深度反映出来，这一要素能够有效影响运动训练效果（图4-1）。

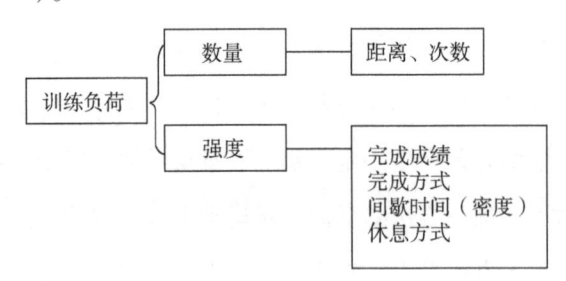

图4-1 训练负荷的数量和强度

（二）科学负荷

关于体育运动训练的科学负荷，主要是通过在体育运动训练过程中一些训练控制手段的应用实现的，常见的有以下几种。

1. 最佳化训练控制

最佳化训练控制，就是在整个体育运动训练的过程中，根据实际条件情况，以所能达到的最高水平为目标，借助最符合客观实际的、最适宜的科学训练方法，来采取定量、定时、低耗、高效的训练控制过程。

这里有一点要强调，最佳化训练控制的标准会随着相关条件的变化而发生相应变化，并不具有绝对性特点。

2. 立体化训练控制

在整个体育运动训练过程中，参照体育运动训练系统的综合性和系统性特征，并且与系统的功能放大原理相结合，从整体上出发，对训练系统进行科学调控，这种调控具有综合性和系统性的显著特点，这个体育运动训练的控制过程，就是所谓的立体化训练控制。

立体化训练控制能够在一定程度上将体育运动训练系统的整体功能结构反映出来。另外，该原理比较重视体育运动训练系统功能结构的整体性放大效益。通常，综合性训练控制和系统化训练控制都属于立体化训练控制原理的范畴。

3. 信息化训练控制

在体育运动训练的整个过程中，时刻跟随信息观的发展与指引，确保信息的充足性这一重要前提条件，并且充分考虑信息控制的基本规律，在此基础上，建立完善的信息系统，由此所实施开展的训练控制过程，就是所谓的信息化训练控制。

信息化训练控制原理将知识信息的重要性作为关注和强调的重点所在，并且提出了体育运动训练效果主要是通过知识和信息所获得的主张，由此可以反映出信息的重要性。

（三）评价强度

在体育运动训练的实践过程中，为了对训练负荷的科学性和合理性有一定的了解与掌握，需要借助一些科学化、可操作化较强的方法来对训练负荷强度进行评定，其中，常用的有以下四种。

1. 以最好成绩百分比进行评定

这一评价方式的计算公式：

$$X = Y + Y(100\% - Z)$$

其中，X 为成绩要求；Y 为最好成绩；Z 为要求不同强度百分比。

2. 以运动员感觉的"用力程度"评定

在体育运动训练过程中，通常会将基础界定为运动员全力参与训练作为 100% 强度，然后以此为标准来对用多少百分比力量训练，即多少强度进行相应的评价。

3. 按照心率评定强度

借助心率来对体育运动训练负荷强度进行评定的方法，具有非常广泛的应用意义，同时，其具有显著的简单、实用等特点。但是，最高心率的限制就在一定程度上限制了体育运动训练负荷的评定的开展。从整体上来说，用心率来对有氧训练进行评定的准确性相对还是比较高的，具有较强的可操作性。

为了对按照心率来评定体育运动训练强度的方法有更加详细的了解和掌握，需要对其中所涉及的相关内容，即心率的相关知识加以分析和阐述。

（1）最高心率。最高心率，即人在运动时心脏能达到的极限心率。最高心率的先天性决定因素较为显著，因此，这就赋予了其显著的个体差异性特点。另外，最高心率也会受到年龄的影响，具体来说，它会随着年龄的不断增加而呈现出逐渐下降的趋势（表4-1）。

表4-1 高心率（普通人）　　　　　　　　单位：次/分钟

年龄	男	女
10~11岁	211	209
12~13岁	205	207
14~15岁	203	206
16~18岁	202	202

（2）基础心率。基础心率为清晨起床前的空腹心率，与最高心率和恢复心率之间都有着非常密切的关系。

（3）恢复心率。人的心率从工作心率恢复到安静心率的过程，就是所谓的恢复心率。恢复心率的速度一定程度上反映出训练负荷的状况。具体来说，心率恢复快，说明负荷强度小或机能状态好。通常，会通过将10秒钟、30~40秒钟、60~70秒钟三次心率相加所得出的结果进行评定，一般如果次数少，则说明负荷量小、机能状态好。

（4）利用心率为训练强度分级。这主要是在体育运动训练后即刻实施的。以游泳运动为例，具体的参照标准为：

大强度　　30次以上/10秒钟

中强度　　25次/10秒钟

小强度　　20~21次/10秒钟

4. 以血乳酸评定训练强度

运动后，测量血乳酸值，能够对游泳运动员的负荷强度进行评定。比如，游泳50米到200米，通常运动后3~5分钟血乳酸值达到高峰。距离加长，乳酸峰值出现较早。血乳酸值低意味着强度较低，运动员主要以有氧供能方式完成运动。反之，如果血乳酸值高，则说明运动强度高。

（四）运动负荷价值阈规律

运动负荷的价值阈，就是人体的体育运动训练所能承受的适宜的、对人体产生良好训练效果的负荷强度的一个范围，并且能够在一定的心率区间内将其运动负荷确定下来所采用的计量标准。[①]

对于大部分的正常人来说，他们之间的差异性并不显著，但是，体育运动训练的参照标准是多元化的，因此，当针对不同个体来安排相应的运动负荷时，要参照不同个体的具体特点来进行，从而保证运动负荷的科学性与合理性。由此可见，对大多数的正常人来说，运动负荷价值阈的意义还是较为显著的（图4-2）。

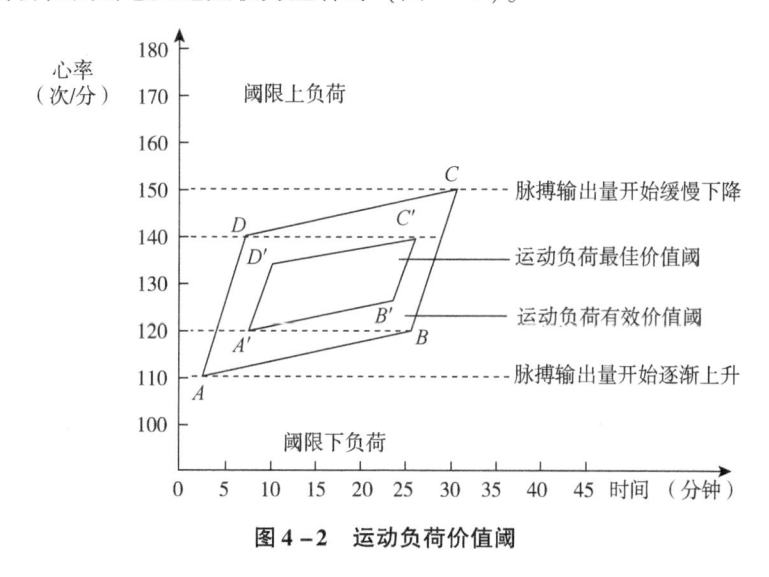

图4-2 运动负荷价值阈

二、恢复与超量恢复原理

在体育运动训练中，恢复与超量恢复是必然存在的，因为只有经历恢复与超量恢复，体育运动训练的效果才能显现出来，训练效果的提升与优化才能得以实现。可以说，这一原理意义重大。

（一）恢复原理

人体经过一定负荷的运动锻炼后，其机能和能源物质方面会下降和减少，这种状态是

---

① 刘胜，张先松，贾鹏. 健身原理与方法 [M]. 武汉：中国地质大学出版社，2010.

暂时性的，会逐渐回到负荷前水平，甚至超过之前的水平，这一过程就是所谓的恢复。

在恢复中，那些人体机能和能源物质在短暂性下降之后又逐渐超过之前水平的过程，就是所谓的超量恢复。在这样的情形下，如果不继续给予一定的新的负荷，那么，超量恢复在持续一段时间后就会重新回到原来的水平，超量恢复便消失了（图4-3）。

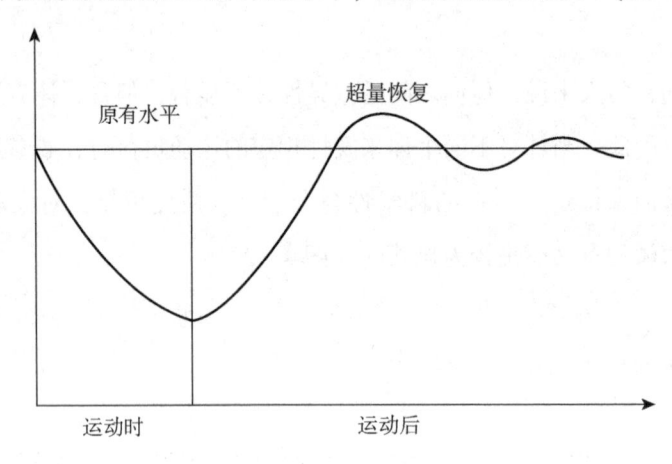

图4-3 超量恢复

关于恢复，可以从其表现出的动态曲线及过程的异时性特点方面入手加以理解。

1. 恢复动态曲线

恢复过程的众多相关因素中，时间是关系密切的因素之一，但恢复速度与时间之间的关系并非正比关系。研究发现，在恢复期前1/3时间，恢复通常会达到70%左右的程度，随后恢复速度大大减慢，2/3时间再恢复20%，随后恢复的速度进一步减缓，后1/3段的恢复程度只有10%。由此可见，在最佳负荷范围内，运动员的体能恢复（90%）通常只在恢复期的前2/3时间内就能实现。这也一定程度上反映出最初的恢复手段与措施的重要性。

2. 恢复过程的异时性

一般来说，运动员所参与的体育运动训练的激烈程度也会对其能量消耗及恢复产生一定影响。比如，运动员参与激烈的体育运动训练，人体机能就会处于高度紧张状态，所发挥出的运动训练水平就非常高，心率往往能够达到220次/分钟，同时，能量物质的消耗程度也非常高。在体育运动训练结束之后，人体的功能水平逐渐复原，在运动结束后的恢复期，就需要按照运动员的消耗情况，做好能量物质补充、再生等工作来保证良好的功能水平恢复。具体来说，在激烈的体育运动训练后20~60分钟，运动员的心率、血压通常就能够恢复到安静水平，血乳酸等代谢产物清除速度稍慢，需要 60 分钟以上才能逐渐恢复到安静水平，而能量物质恢复的异时性特点的显著程度更高。

（二）超量恢复原理

参照超量恢复原理，人体参与体育运动训练的过程可以进行阶段性划分，即运动时各器官系统工作能力下降阶段、运动后工作能力复原阶段、工作能力超量恢复阶段（图 4-4）。只有经历这三个阶段，体育运动训练的效果才能实现，进而优化训练效果。

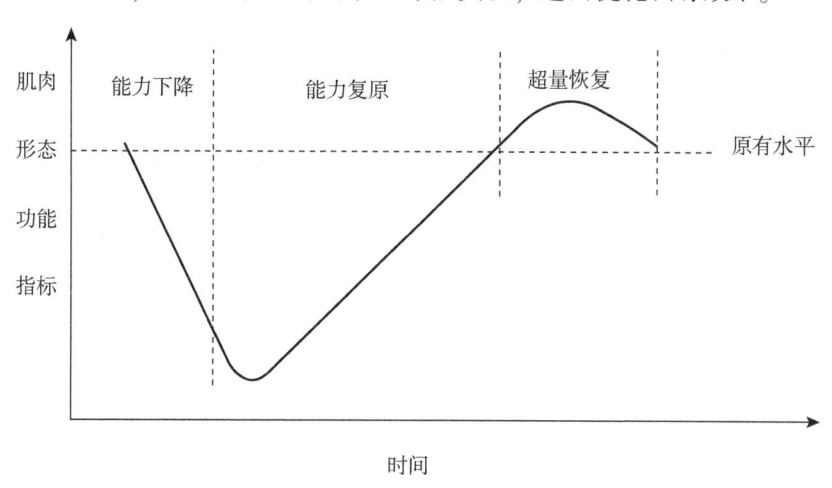

图 4-4　人体参与体育运动训练的阶段划分

超量恢复，通常也被称为"超量代偿"，是运动生理学中非常重要的概念之一。超量恢复原理是人体机能在体育运动训练过程中不断得到提高所参照的重要理论依据。

超量恢复的强弱与运动量大小之间有着非常密切的联系。在一定范围内，运动量越大，机体机能的动员充分程度就越高，能量物质消耗就更多，超量恢复的显著程度也就越高。但是，并不是运动量越大越好，因为过大的运动量会使人体无法正常接受，从而导致恢复过程延长，严重者还会导致过度疲劳，进而对运动员的身体健康造成不利影响；而如果运动量过小，则运动员的身体就得不到有效训练，疲劳的程度减小，那么，超量恢复的显著程度也会有所降低，甚至不会出现，这对于取得最终的体育运动训练效果也是不利的。

超量恢复的效果与机体的承受负荷量和负荷强度刺激有关，负荷量较小、强度较大的训练往往会取得较好的恢复效果。除此之外，超量恢复出现的早晚，与运动量大小，疲劳程度及营养供给也有一定的相关性。

超量恢复发生机制和原理，奠定了训练学的基本规律之一。

（三）恢复与超量恢复的实施

1. 恢复方式

（1）自然性恢复。所谓自然性恢复，就是指在体育运动训练或比赛的过程中或之后，机体按日常作息或处于静止状态获得恢复的方式。这种恢复方式是"无所作为"、顺其自然的，通常用于运动负荷较小且训练时间较短的体育运动训练。

（2）积极性恢复。所谓积极性恢复，就是指在体育运动训练或比赛过程中或结束后，所进行的强度较小或其他形式练习的恢复方式。这种方式的恢复能使机体在体育运动训练后仍保持较高的代谢水平，使恢复的速度加快。这种恢复方式对于高强度、长时间的体育运动训练是非常适用的。

2. 恢复手段

体育运动训练过程中所能用到的恢复手段有很多种，具体要根据实际情况和需要选用，通常会选择其中的几种进行综合运用，这样所取得的恢复效果最为理想。这里主要介绍以下两种。

（1）自然恢复。自然恢复，是一种具有显著的直接性和有效性的恢复手段，对于运动员来说，要想在体育运动训练中充分利用好这一恢复手段，就要形成良好的训练、生活、卫生和睡眠习惯。

（2）肌肉牵拉放松。肌肉牵拉放松，实际上就是拉伸放松，具体来说，就是通过对运动肌肉群的主动或被动牵拉，使这部分肌纤维酶的活性得到有效改善，使运动员的新陈代谢水平有所提升，使体育运动训练后延迟性肌肉酸痛和肌肉僵硬的情况得到有效缓解，从而达到放松肌肉的目的。与此同时，肌肉牵拉放松还能使运动员骨骼肌蛋白质的合成过程得到进一步强化，这对于肌肉的恢复与放松也是非常有意义的。因此，这种牵拉放松的方式对局部疲劳的肌肉群的恢复效果较为理想，是体育运动训练结束后常用的恢复手段。

一般来说，肌肉牵拉放松手段应用的持续时间以一分钟为宜，重复3~4次，间歇一分钟，这样取得的放松效果最为理想。具体的持续时间、重复组数要按照训练肌肉的状态情况进行适当调整。

3. 恢复的注意事项

在体育运动训练过程中，不仅要采用科学合理的恢复方式和手段，还要对一些事项加以注意，从而保证最为理想的恢复效果。

（1）要对间歇时间有科学的把控。间歇时间长短的合理性会在很大程度上影响肌肉恢复效果，即要求间歇时间要适宜，不能过长或者过短。一般通过测定心率的方法来进行控制，如运动后的心率达到 140～170 次/分钟，待心率恢复到 100～120 次/分钟时，再进行下一次的体育运动训练是比较合理的。

（2）要保证充分休息。在众多的恢复手段中，睡眠是最有效的手段，其不仅能使运动员的睡眠质量得到保证，还能有效促进训练疲劳的消除及体能恢复的速度，尤其在提升运动员适应能力和抗干扰能力方面，有着显著效果。

（3）所采用的训练手段要与训练内容相适应。体育运动训练效果，不仅与训练方法、手段的转换有关，也与训练内容相关，同时，这两者之间相适应的程度也会产生一定的影响，因此，需要对此进行精心搭配，这对于运动员局部疲劳的减缓是有一定效果的。

三、训练适应与过度训练原理

（一）训练适应原理

关于体育运动训练，从其整体上来看，就是运动员在训练过程中逐渐适应的一个过程，这也是体育运动训练的本质所在。

运动员在经过科学合理的体育运动训练后，在保证理想的运动基础的同时，也能有效提升专项运动能力和专项运动水平，这与体育运动训练的训练适应原理有着密切关系。训练适应原理，主要是指运动员每次受到训练的刺激，机体都会产生一定的急性适应，从某种意义上说，这种训练适应效应积累是一种长期性的训练适应，并且与专项需要是相符的，可以说，这是运动员取得理想运动成绩的重要物质基础，缺少这一基础，就无法实现运动员取得理想运动成绩这一目标。

通过对训练适应原理的进一步分析，可以得知，其专项性和方向性特点显著，这些显著特征并不是绝对不变的，而是呈现出一定的动态变化，这与体育运动训练的负荷大小及其产生的作用有着密切的联系。

在既定的科学的体育运动训练计划的指引下，运动员开始逐渐向既定的专项目标发展和努力，从而实现取得优异运动成绩的目标。其中，对其起到决定性影响的因素有两个：一个是负荷的作用方向，一个是动态变化的趋势。可以说，没有专项化的训练适应，就不可能使专项运动成绩达到较高的水平。

同时，训练适应的实现还需要具备适宜负荷这一重要的前提条件，不能忽视，只有具有最佳负荷和科学、合理的负荷动态变化设计，才能保证训练适应的顺利实现。

（二）训练过度原理

在体育运动训练中，通常都会强调训练的科学性与合理性，但是，也存在着不科学、不合理的训练，训练过度就是主要表现形式之一。一般来说，导致运动员训练过度的主要原因是运动负荷的过度。当前，体育运动水平逐渐提升，运动员的运动负荷的提升程度已经不断接近于其极限水平，为了实现这一目标，运动员过度训练的概率就会大大增加。因此，这就需要加强训练过程的恢复、监督和合理安排负荷，从而尽可能避免训练过度的情况。

从严格意义上说，负荷过度和最佳负荷之间只有一个临界值，其影响因素具有多样性特点，其中，较为主要的有运动员身体机能、训练水平、承受负荷能力等，特别是承受负荷时身体状况，对完成负荷所产生的影响是非常大的。

另外，还有一点要注意，即一次负荷的大小影响并不能确定训练过度，参照的标准主要为负荷后作用的累加效应。

第二节　遵循体育运动训练的原则

体育运动训练的开展，不仅要遵循相关科学理念的导向性，还要遵循其重要原则，这也是保证其科学性与合理性的重要条件。

一、系统性原则

系统性原则，主要强调在运动员从开始训练到取得一定的训练成效所经历的整个过程中，所涉及的训练因素之间都是前后连贯、紧密相关且不中断的关系。实践证明，运动员理想成绩的取得，与多年系统的训练有着不可分割的密切联系。优秀运动员必须经历长期系统的训练，即便是先天条件再好的运动员，只进行短期、零碎、彼此脱节的训练也无法成为一名优秀的运动员，这就充分体现了体育运动训练系统性原则的重要性。

体育运动训练可以分为不同的训练阶段，所安排的训练内容也各不相同，但是有一点是可以确定的，即这些因素之间都有着密切的联系，它们之间彼此相关、相互影响、相互促进。从本质上说，学习和掌握运动技能是建立运动条件反射。如果体育运动训练过程中出现间断情况，则往往会使已建立起来的条件反射消退。因此，必须经过长期不断的系统训练，才能起到有效巩固已获得的条件反射的作用。

在体育运动训练过程中遵循系统性原则时，为确保训练效果，有以下两点注意事项。

（1）体育运动训练要尽可能保证从小就开始训练，并且要保证训练课的长期性和系统性。对于一名优秀的运动员来说，其在成绩上的崭露头角，需要经历的训练时间不会少于8年。通常这个长期的训练过程可以根据运动员的实际情况来进行不同训练阶段的划分，并且每个训练阶段紧密相连成为一个统一的整体。

（2）在具体训练过程中，要做好训练周期、训练周、训练课等的不同划分，在此基础上，还要将课与课、周与周、周期与周期及各训练阶段之间有机连接起来，同时，还要科学安排相应的训练内容、重点、方法和运动负荷，使上一次训练成为下一次训练的准备，下一次训练成为上次训练的继续和提高。总的来说，就是要求每次的体育运动训练所取得的训练效果都是理想的。

二、区别对待原则

在体育运动训练过程中，不同运动员具有自身的个性化特点，不仅表现在先天性的性别、年龄、身体条件等方面，在一些后天因素方面也有所差别，比如，承担负荷的能力、技术水平和心理品质、文化程度等，因此，为了保证运动员训练的科学性和有效性，需要对运动员进行针对性训练，相应地，训练任务的确定，训练方法、手段的选择，以及运动负荷的安排也都要有针对性，这就是所谓的区别对待原则。

对于运动员来说，他们的个体差异性是必然存在的，正因为如此，在体育运动训练过程中，即便采用同样的训练方法，运动员的适应程度也不一样，所取得的训练效果也就各不相同。有的运动员适合该训练方法，那么取得的训练效果就会较为理想；而不适应该训练方法的运动员，不仅不会取得理想的训练效果，还可能产生其他消极影响。因此，这就要求以运动员的年龄、性别、健康状况、兴趣爱好、生活水平等因素来决定运动训练内容、训练方法和运动负荷。

在体育运动训练过程中，随着训练过程的不断推进，整个训练也呈现出不断发展变化的动态趋势。对于不同的运动员来说，他们的训练效果所表现出的时间是有所差别的，有的运动员在训练初期就会有突飞猛进的进展；有的运动员在训练初期进展不大，但是到了某一阶段，发展速度就较快；有的运动员在这一运动素质上的训练效果理想，在其他运动素质上的训练效果就差强人意，而有些运动员在其他运动素质上有特殊的发挥；也有些运动员适应的运动负荷比较大，而有的运动员则不能适应等。因此，这就要求在体育运动训练过程中必须做到区别对待，从而保证所取得的训练效果是事半功倍的。

在体育运动训练过程中贯彻实施区别对待原则，需要对以下两方面事项加以注意。

（1）对于教练员来说，其作为体育运动训练的指导者，要对运动员的实际情况有全面而具体的了解，并对其总体情况进行深入分析，然后以此为依据，针对性地采取相应的训练措施。与此同时，还要对运动员的一些特殊情况加以了解，在训练过程中要充分考虑这些特殊情况。

（2）在体育运动训练开展之前，需要将科学、可行的训练计划制订出来，这时候，就需要首先对运动员的具体情况进行深入了解，然后对全训练队的特点和运动员个人的特点都有充分的了解，在满足全队要求和个人要求的同时进行相应的体育运动训练。

三、适宜负荷原则

体育运动训练离不开一定的运动负荷，因此，遵循适宜负荷原则是非常重要且有必要的。在体育运动训练过程中，要以所确定的训练任务为依据，结合运动员的个体条件和专项水平，逐步地有节奏地加大运动负荷，直至最大限度，这就是所谓的适宜负荷原则。

体育运动训练的主要目标就是取得理想的训练效果，而这主要取决于运动刺激的强度，即采用适宜的训练强度，才能保证所取得的刺激效果是有效的，从而保证理想的训练效果。如果刺激较弱，则不能引起肌体功能的变化的；如果刺激过强，则可能会对运动员的身体造成损伤，这对于其本身机体能量消耗的恢复和超量补偿也都是不利的。

在体育运动训练过程中，要严格遵循适宜负荷原则，加大运动负荷，直至最大限度，从而保证理想的训练效果，具体可以从以下两方面着手。

（1）在开展体育运动训练活动之前，首先要明确训练任务，并做好运动员身体状况、机能能力和训练水平的了解工作，在安排运动负荷时，一定要保证其合理性。只有根据训练的不同任务和运动员的训练水平安排运动负荷，才是合理的。

（2）在体育运动训练过程中，运动负荷并不是一成不变的，而是循序渐进不断增加的。运动负荷的增加必须达到极限。因为只有极限负荷的刺激，才能将运动员机体的机能潜力充分挖掘出来，运动员的成绩才可能是优秀的。

四、积极主动性原则

在任何活动中，都要遵循积极主动的原则，在体育运动训练过程中也不例外。运动员在参与体育运动训练之前，首先要目标明确，然后以此为方向，来提高运动训练的积极主动性，而积极性和自觉性对于能否长期坚持进行运动训练是非常重要的。从某种意义上说，运动员参加体育运动训练的积极性需要在一个明确目的的指引下才能实现。

在体育运动训练过程中遵循积极主动性原则，可以从以下两方面着手进行。

（一）目的明确，动机端正

运动员参与体育运动训练的原因，可能是因为兴趣，但主要是为了取得理想的运动成绩，这是绝大部分运动员普遍的目的，这一点是非常明确的。在此基础上，运动员还要在动机上端正，这一点也至关重要，关系到体育运动训练效果的好坏。

（二）增加趣味性，充分调动训练积极性

运动员在进行体育运动训练时，由于需要持续数年甚至十几年的训练周期，这就需要运动员在训练过程中，尽可能增加训练的趣味性，这样能够将他们训练的积极性和主动性充分调动起来，从而使长期的运动训练得到有效保持，为理想运动成绩的取得创造良好条件。

五、"三从一大"原则

这里所说的"三从一大"原则，其中的"三从"，是指"从严、从难、从实战需要出发"，而"一大"，则是指"大运动量的训练"。实际上，"三从一大"原则是对训练的要求。

（一）训练的"三从"原则

1. "从严"训练

"从严"，就是要对训练进行严格要求，这不仅涉及运动员的专项技术、战术，还涉及其他的相关因素，比如体能、心理、作风训练和生活管理等方面。

2. "从难"训练

"从难",就是要在训练时在难度上逐渐进行合理增加,以此来使运动员在专项技术和战术上有进一步的突破,同时也使其体能和心理承受能力得到锻炼和提升,保证运动员的全面发展与提升。

3. "从实战需要出发"训练

"从实战需要出发",就是要求训练活动的开展要以满足实战需要为目的,这就需要首先遵循体育运动发展及人体生长发育的基本规律,然后结合运动员的实际特点和条件,根据本队在比赛中所反映的优缺点进行最有效的训练。除此之外,"从实战需要出发"还强调了要对正式比赛过程中可能出现的各种情况进行预估和提前训练,涉及观众、裁判、场地、时差等方面,从而使运动员能够在生理和心理上都做好充分的准备,以在正式比赛中更好地适应比赛,为取得理想运动成绩奠定基础。

(二) 训练的"一大"原则

进行大运动量的训练,指的是进行有效的大负荷训练,是科学训练发展的方向,也是提高运动成绩的重要因素。需要注意的是,大负荷训练不仅要有足够的时间,还应有足够的量与强度,同时,大负荷训练必须在科学监控下进行。

六、一般训练与专项训练相结合原则

一般训练,就是指借助一般性的训练方式和手段来提升运动员的一般身体素质和身体机能水平的训练。

专项训练,就是指借助专项性和比赛性的训练方式和手段来提高运动员的专项身体素质、运动水平及专项技战术的训练。

而将上述两种训练结合起来,就是一般训练和专项训练相结合原则,具体来说,就是在体育运动训练过程中,要以所从事的体育运动的专项特点为依据,充分结合运动员的训练水平和不同训练时期、阶段的任务,从而对一般训练和专项训练的训练比重进行科学合理的安排。由此可见,体育运动训练过程中一般训练和专项训练的比重分配至关重要。可以从不同的方面出发来进行不同标准的安排。比如,从运动员的自身特点和训练水平上来说,如果运动员具有年龄小、训练水平低的特点,则需要安排较大比重的一般训练,专项训练要少一些;如果运动员具有年龄大、训练水平高的显著特点,则专项训练的比重就要大一些，而适当减少一般训练的比重。再如，从运动员从事的体育运动项目及专项特点出发，如果运动员从事的是对机能与运动素质要求高、能量消耗大的体能类项目，则需要安排较大比重的一般训练；如果运动员从事的是基本技术多而复杂的项目，那么专项训练的比重就要适当增加。在多年训练的基础训练和专项提高阶段，在训练大周期的准备期的第一阶段和过渡期、恢复调整的小周期，一般训练比重大些，比赛阶段的安排则要以专项训练为主。

一般训练是专项训练的基础，如果没有经过一般训练就直接进行专项训练，无异于空中楼阁，没有坚实的训练基础，是不可能在专项上有所成就的。专项训练是一般训练的进一步发展和提升，运动员要想在比赛中取得理想的成绩，就必须进行专项训练。专项训练在一定程度上也会对身体的全面发展起到促进作用，它和一般训练密切相连并互相促进，在体育运动训练中要将二者科学地结合起来。

七、训练与比赛相结合原则

体育运动的发展并不是一蹴而就的，需要经历很长的时间才会逐渐实现。为了便于理解和训练活动的开展，通常会将体育运动训练周期根据训练任务的不同分为不同的训练阶段，同时，也要充分考虑比赛次数和层次等方面的要求，确保赛和练安排得当。

通常，体育运动训练与比赛，两者是相辅相成、密切相关的。根据不同运动员运动水平的差异性，对于初学者和技术水平不高的运动队，所安排的比赛次数不能太多，而对于较高水平的运动队，比赛可以适当多安排一些，通过比赛发现问题，并进行针对性训练，从而达到以赛促练的效果。

八、不间断性与周期性原则

对于体育运动来说，要想熟练掌握运动技能，不管是什么样的运动项目，都必须通过多次重复训练才能实现，之后还要不断进行训练，以达到巩固的效果；运动员的身体素质必须通过多次重复训练才能逐步发展；运动成绩必须通过多次重复训练，才能有所提高。因此，这就要求必须按照既定的训练计划进行系统的、持续不断的体育运动训练。同时，为了使体育运动训练能够不间断地进行，必须将各级训练组织形式衔接起来，坚持全年训练有足够的训练日和训练次数，并在训练过程中采取有效措施，防止伤病发生。

通常，体育运动训练会根据训练任务和目标进行不同的周期性划分。比如，多年训练是以年度训练为基本周期，年度训练又可以进一步分为三个训练时期，每个训练时期又以周为小的循环周期。在年度训练周期中，经过各个阶段的周期循环，又由下一周期重新开始训练。多年训练是靠年复一年的训练完成的。这就要求训练内容、比重和要求要不断调整，逐渐提高。此外，运动员必须坚持进行系统的、持续不断的周期性训练，其运动成绩才能逐步平稳地提升，才能取得理想的运动成绩。

九、全面性原则

全面性原则，就是要求运动员在进行体育运动训练时，一定要保证训练的全面性，从而使自身的身体机能、各种身体素质和活动能力得到全面提升，身心得到和谐发展。

运动员的体育运动训练，不仅包括不同身体部位的活动，更重要的是包括多种项目和不同性质的活动，保证训练的全面性。人体各系统之间并不是绝对独立的，而是相互联系、相互制约的，身体某一方面的发展一定会对其他方面的发展产生或大或小的影响，而全面发展，就能相互促进，共同提高。因此，体育运动训练过程中一定要严格贯彻落实全面性原则。

第三节 掌握科学体育运动训练的方法

体育运动训练的开展，不仅要遵循科学的训练理念和训练原则，采取科学、合理的训练方法也至关重要。不同的体育运动训练方法自身的特点、适用范围、作用等都是不同的，为了保证理想的训练效果，通常会将其中的几种综合起来加以运用。

一、重复训练法

重复训练法，就是按照要求，在保证运动员原本的动作结构和运动负荷量的基础上，通过反复多次训练建立、巩固条件反射，进而达到运动技术牢固定型的训练方法。

重复训练法在体育运动训练中是最常用的一种训练方法，在发展身体素质，掌握与提高技术、战术，培养意志品质等方面都是非常适用的，且在保证训练科学性和合理性的基础上，所取得的训练效果也是非常理想的。

需要强调的是，运动员在采用重复训练法进行体育运动训练时，要明白重复次数的不同会在很大程度上决定其在运动员身体上产生的作用。一般来说，重复次数越多，身体对运动反应的负荷量就会越大。如果重复次数不断地继续增加，则可能会使身体承受的负荷达到极点，甚至会对有机体的正常状态产生一定的破坏作用，从而导致身体受到一定的伤害。

在体育运动训练过程中运用重复训练法，要对其强调的关键点加以关注，即要掌握好负荷的有效价值范围，并以此为依据对重复次数进行适当调整。在重复训练过程中，还要根据体育运动训练的实际情况来有效控制运动负荷。

在体育运动训练过程中，要严格贯彻实施重复训练法，为保证效果，具体要注意以下几点。

（1）针对体育运动中的同一个动作进行反复多次训练，往往会使运动员产生单调乏味的情绪，注意力集中的程度也会逐渐降低，这对于理想训练效果的取得是不利的。因此，这就要求在重复训练过程中，应灵活地结合一些比赛或游戏活动，使重复训练的趣味性有所提升，激发出运动员参与体育运动训练的兴趣和积极性。

（2）体育运动训练包含的内容非常多，技术训练是其中之一。如果在技术训练中运用重复训练法，一方面，要严格按照技术规范进行训练，负荷强度要求不能过高，但是在重复训练的次数上要有所保证，这样才能掌握和巩固正确动作。需要强调的是，一旦运动员连续出现错误动作，就应该停止训练，从而有效避免错误动力定型的形成和巩固；另一方面，在保证重复训练次数的基础上，也要逐渐做到在训练量和负荷强度方面逐渐提升，使运动员在较困难的条件下保证技术的正确性、熟练性。

（3）在身体素质训练中运用重复训练法时，所采用的训练手段应该尽可能是简单而有实效的、已基本掌握的，要根据运动员自身的实际情况来确定训练数量、负荷强度、重复次数。

二、间歇训练法

间歇训练法，就是按照既定的要求进行一定的训练之后，再按照既定的时间和休息方式进行适当休息，然后继续进行下一次训练的训练方法。

间歇训练法是在运动员的机体未能完全恢复时就进行下一次的训练，因此，通过这一训练方法，能有效地提高呼吸和心血管系统的机能。

重复训练法的间歇时间是在运动员机体机能基本恢复的情况下，才进行下一次的训练。相较于重复训练法，间歇训练法每次训练的间歇时间有严格规定，要在运动员机体机能未完全恢复的情况下就开始下一次训练。这也是两者的主要区别所在。

一般根据训练强度的不同，可以将间歇训练法分为两种类型，即小强度间歇训练法和大强度间歇训练法。

在体育运动训练过程中贯彻实施间歇训练法，为保证训练效果，需要对以下三点加以注意。

（1）要根据训练任务来制订间歇训练的科学方案。

（2）在确定下来某一间歇训练方案后，首先要让运动员进行一段时间的尝试训练，运动员在有了良好的适应和提高后，再根据训练任务和具体情况，适当调整训练的相关情况。

（3）在体育运动训练中采用间歇训练法，要参照运动员的具体情况，以此来对他们每次训练的负荷强度及间歇时间进行科学合理的安排。

三、循环训练法

循环训练法，就是以所制定的具体训练目标为依据，适当设立一些训练站（点），从而使运动员按照既定的顺序、路线，依次完成每站（点）的训练，周而复始地进行训练的一种方法。具体来说，运动员采用循环训练法进行体育运动训练，必须按要求在各个训练点完成既定的训练，当一个训练点上的训练结束后，就迅速移到下一个训练点继续进行训练，运动员完成各个训练点上的训练后，就相当于完成了一次训练的循环。另外，还需要强调的是，采用循环训练法进行体育运动训练时，一定要保证各个训练点的训练内容搭配合理，保证训练的全面性，采用的动作要尽可能是那些简单易行且自己能够熟练掌握的，同时，还要在训练的具体次数、规格和要求方面有明确的规定，从而保证运动员通过全面的训练取得理想的训练效果。

循环训练法有其独特之处，即系统地、有顺序地进行两臂、两腿、腹部、背部肌肉的训练，由此可见，这种训练方法的适用范围比较广泛，不管是发展一般素质、专项素质的身体训练，还是技术和战术训练，都可以采用循环训练法。由于循环训练法每站都有先确定的训练内容、要求和负荷参数，并能结合其他训练方法形成不同的循环训练方案，因此，以此为依据，可以将循环训练法的训练形式大致分为耐力循环、力量循环、速度循环、速度力量循环、协调循环等种类。

在体育运动训练过程中严格贯彻实施循环训练法，为保证训练效果，需要对以下三点加以关注。

（1）以所制订的训练目标为依据，将各站的训练内容和数量确定下来。循环训练是连续进行的，因此，这就要求所安排的训练内容应该是运动员已经掌握的，并且重点突出，运动员能够自动地做出的动作。在内容顺序方面，要以训练对各器官系统和肌肉部位的不同要求为依据交替安排，并注意与发展不同身体素质的训练相互交替。通常情况下，一个循环训练中往往会有7~10个站。

（2）针对特点，因人而异地确定负荷。负荷的安排要从每站练习的数量、强度、间歇时间、循环次数等全面考虑。

（3）对循环训练的形式进行重新组合和变换。在体育运动训练过程中，由于运动员之间的特点和具体情况存在一定的差异性，在安排循环训练时，也要有所差别，这主要表现在形式上。训练形式有很多种，可以适当选用。常见的有流水式（一站连一站的训练）、轮换式（将全队成员分成若干组，各组在同一时间内训练同一内容，按规定时间一组一组的轮换）、分配式（设立很多个训练站，可多达十几个，然后按运动员具体情况分配每个运动员训练的内容及训练的次数）等。

四、变换训练法

变换训练法，就是为了提升运动员参与运动训练的兴趣和积极性，调整体育运动训练中的运动负荷、训练内容、训练形式及训练条件等因素的一种训练方法。

在体育运动训练中运用变换训练法，能使运动员机体在参与比赛的适应能力方面得到有效提升，使其在技术和战术方面的水平得到提升，运动员自身的综合身体素质也会有所改善，这些都为运动员运动感觉的培养和优化创造了有利条件。除此之外，变换训练法还能为体育运动训练增添一些趣味性因素，从而帮助运动员有效克服训练时所产生的单调枯燥感，提高运动员对训练的兴趣和积极性，对推迟疲劳的出现也有着积极的意义。

通常，变换训练法的常见形式主要有改变负荷变换法、改变动作组合变换法、改变练习环境和条件的变换法。不同形式的侧重点不同，所起到的作用也会有所差别。

但是，不管采用哪种形式的变换训练法，在体育运动训练过程中，都要对以下四点加以注意。

（1）要按照明确的目标在体育运动训练中采用这一训练方法，即要求变换训练法的运用要有目的性。

（2）要按照所制订的训练计划来采用条件变换的形式，同时，也要保证条件变换的灵活性。

（3）在技术训练中运用变换训练法时，不仅要注意训练过程，还要注意及时恢复到正常情况下训练。要对训练过程中出现的错误动作进行及时、有效的纠正，在训练的重复次数与调整间歇的时间方面进行适当调整，从而尽可能地避免由于变换条件训练形成的、与比赛的正式要求不相适应的动力定型。

（4）随着运动员训练水平的逐渐提高，训练的数量、每次训练的强度等都要随之适当增加，从而保证运动员训练水平的进一步提升。

五、持续训练法

持续训练法，就是在保证运动员一定的运动负荷强度和较长的负荷时间的前提下，进行无间断连续训练的一种训练方法。

在体育运动训练过程中运用持续训练法时，运动员的平均心率要达到130~170次/分钟。持续训练法通常会在发展一般耐力素质时应用，由此来达到提高有氧代谢系统供能能力及供能状态下有氧运动的强度的目的。

一般以训练时间的长短为依据，可以将持续训练法大致分为短时训练法、中时训练法、长时训练法三种具体形式。

在体育运动训练过程中运用持续训练法，为保证训练效果，需要对以下两点加以强调。

（1）由于持续训练的时间较长，训练量较大，因此，就要求控制强度不要太大。一般情况下，将心率控制在130~170次/分钟，并保持恒定的运动强度，这种持续训练方式对于运动员一般耐力素质的发展是有帮助的；也可以通过提高强度、持续适当时间的方式来进行持续训练，从而达到提高运动员专项耐力素质的目的。

（2）如果在训练期或休整期采用持续训练方法，则以中小强度为宜，这样对于一般耐力素质的发展或保持是有利的。

六、竞赛训练法

竞赛训练法，就是运动员在正式比赛的条件和要求下进行体育运动训练所用到的一种训练方法。

在体育运动训练中运用竞赛训练法,不仅能对平时的训练效果进行有效检验,还能使运动员创造性地运用知识、技术和战术的能力及提高身体训练水平,除此之外,对于运动员应变能力和运动训练实战能力等的发展和提升也有着积极的影响。在竞赛条件下,运动员的训练积极性和好胜心会被有效调动起来。

另外,运用竞赛训练法进行体育运动训练,还能使运动员在比赛中相互交流经验,对于全面提高其技战术水平有着重要意义。竞赛训练法在运动员心理承受能力的提升,坚强意志品质的培养,积极、拼搏、良好的生活态度的养成等方面有着积极影响,不可忽视。

将竞赛训练法应用于体育运动训练中,为保证训练效果,需要对以下两点加以强调。

(1) 要采用适宜的运动负荷。采用竞赛训练法进行体育运动训练,通常能有效激发出运动员的训练情绪与兴趣,增大能量消耗,这会加大训练过程中运动负荷的调节和控制难度。因此,在采用竞赛训练法进行体育运动训练时,就要求以专项训练的需要为主要依据,来针对性地选择适合运动员特点的竞赛内容和形式,同时要注意保证竞赛负荷不要过大,这样,既定的训练目标和内容的完成才有可能实现。

(2) 运用时机要合理。采用竞赛训练法进行体育运动训练时,教练员要注意对运动员进行积极的引导,使其将自身的长处充分发挥出来,同时,还要教育学生不要有违规行为出现,提高他们的自我控制能力,培养优良体育作风。另外需要注意的是,竞赛训练法不是任何时候都适用的,比如,在运动技能尚未形成之前和疲劳时就不宜采用竞赛训练法,因为,这样会对刚刚形成而尚未巩固的动作技术造成不利影响,同时,也会导致一些不必要伤害事故的发生。

七、游戏训练法

游戏训练法,就是运动员主要以游戏的形式进行体育运动训练的一种训练方法。

通过游戏训练法进行体育运动训练,能够有效提高运动员训练的兴奋性,激发运动员训练的兴趣,同时还能够营造出轻松、愉悦的训练氛围,这对于运动员训练的开展及理想训练效果的取得都是非常有帮助的。最后需要强调的一点是,游戏训练法在确定运动量时,切忌盲目性,一定要以运动员的自身特点和实际情况来区别分析、确定。

八、综合训练法

综合训练法,顾名思义,就是以既定的训练目的、训练任务为主要依据,综合运用上述几种训练方法，从而更灵活地调节运动负荷，取得更好训练效果所用到的训练方法。

在体育运动训练过程中运用综合训练法时，一定要以运动员的实际情况和特点为依据，结合明确的训练任务来组合运用相应的训练方法。

综合训练法变化很多，可以进行各种不同的组合，对于不同运动员的不同需求可以灵活选用。

第四节 依据训练计划参加运动训练

在体育运动训练中，运动训练计划也是不可或缺的重要组成部分，其对运动员体育运动训练的开展起到积极的指导作用，从某种意义上说，运动训练计划的制订、安排等，会在一定程度上决定训练效果的好坏。因此，这就要求运动员必须依据训练计划参加体育运动训练。

一、运动训练计划概述

所谓的运动训练计划，就是指每个准备长期从事体育运动训练的运动员，从自身身心状况和外部环境条件的实际情况出发而制订的一种定量化的周期性体育运动训练计划。它是运动员达到目标的有效途径。

（一）运动训练计划的内容

在制订运动训练计划，尤其是长期运动训练计划时，一定要综合考虑其相应的影响因素，这也是运动训练计划中包含的主要内容。

1. 训练目的

运动员进行体育运动训练前，都要明确自身的训练目的，这也是他们进行体育运动训练科学安排的重要参照依据。对于运动员来说，提高肌肉力量，发展肌肉块等这些提升自身运动能力和素质的目的是主要目的。因此，就要求以力量练习为主，每周训练3次，其余时间用于身体机能的全面发展。要想使自身的肌肉力量得到有效训练和提升，要求运动员必须有科学、现实的目标，需要注意的是，在制定目标时，一定要与实际情况相符，切忌太高，要留有余地，否则会对运动员的身体健康及能力发展不利，对其体育运动训练的持续性发展产生消极影响。

2. 训练季节的选择与注意事项

在不同的季节进行体育运动训练，也要充分考虑到四季的特点、要求，据此来适当调整训练计划中的各个要素，比如，训练时间、训练内容、训练侧重点及相关的注意事项等。总的来说，就是要求运动员的体育运动训练要以季节气候的变化规律为依据来进行。

（1）春季训练。春季是一年的开始，在这一季节进行科学的体育运动训练，能够为整年的体育运动训练和身体健康奠定坚实的基础。运动员在春季进行体育运动训练，所起到的训练效果主要为有效增强体内的新陈代谢，同时，身体各方面的机能水平会有显著提升。在春季进行体育运动训练的形式有很多种，常见的有长跑、自行车、跳绳、爬山、球类等。需要注意的是，春季的体育运动训练对热身活动有较高要求，一定要做充分，使僵硬的韧带得到有效牵拉和伸展，使运动损伤的发生概率大大降低。

（2）夏季训练。夏季天气炎热，这就给体育运动训练增加了不便和困难，但是，为了保证体育运动训练的连续性，在夏季也仍然要坚持训练。因此，夏季的体育运动训练一定要对训练的强度和时间进行严格把控。在训练的内容方面，最为理想的选择是游泳，游泳训练能使运动员的身体机能得到有效提升，同时也能有效避免暑热。其他的运动训练最好在清晨和傍晚进行，室外运动要避免在中午时分进行，同时，训练过程中要做好水分的补充，从而有效防止身体脱水和中暑的发生。

（3）秋季训练。秋季的主要特点是秋高气爽，是进行体育运动训练非常舒适的季节，这也是大多数的重大国际比赛都安排在秋季的主要原因。即便是一些冬季运动项目，其准备工作也是从夏末秋初就开始了，这就给运动员的适应提供了良好的条件。由于秋季天气变化无常，早晚气温较低，在进行体育运动训练时，要求及时增减衣服。另外，秋天的天气干燥，锻炼前后要补充水，以保持黏膜的正常分泌和呼吸道的湿润。

（4）冬季训练。冬季的酷寒与夏季的炎热一样，都不利于体育运动训练的开展，但同样，冬季训练也不能停止，否则就破坏了体育运动训练的持续性。在冬季坚持参加体育运动训练，能使运动员的身体水平得到有效保持或者提升，同时，其身体对外界的抗寒能力也会有所提升，从而预防各种疾病。冬季体育运动训练的内容有很多，长跑、足球、拔河等都可以，尤其在北方，冰雪项目更是受到普遍青睐。需要注意的是，在冬季，人体的生理机能惰性较大，肌肉组织容易受伤，这就要求一定要做好充分的准备活动。

3. 运动量的安排

体育运动训练的开展过程是一定会涉及运动量的，这是对训练效果有着重要影响的因素之一。只有采用适宜的运动量进行训练，才能取得理想的训练效果。运动量过小，无法产生理想的训练效果；但是运动量太大，也会对身体机能产生不利影响。运动员要想取得理想的训练效果和成绩，就必须不断增加运动量，使自身身体机能逐渐提升。如果运动员的活动量只是停留在初始的水平，那么，他们所从事的运动训练就只能保持身体机能不下降而无法有效地提高身体机能，更无法实现取得理想成绩的目的。

4. 疲劳恢复计划

在经过一段时间的体育运动训练之后，运动员的身体会疲劳，这是一种必然的现象。疲劳是一种生理现象，体育运动训练过程中产生疲劳是有着重要意义的，因为超量恢复就是在机体产生疲劳后经过积极的恢复所形成的，由此，身体机能才能得到有效提升。但要注意的是，疲劳的程度要控制好，不可过度疲劳，否则对机体健康会产生不利影响。一定要适当调整训练的强度，从而保证训练效果。

（二）运动训练计划的分类

关于运动训练计划的类型划分，通常会以运动训练时间跨度的长短为依据来进行，即可以将其分为多年训练计划、年度训练计划、阶段训练计划、周训练计划及课训练计划等（表4-2）。不同类型的运动训练计划在功能、结构特点等方面会有所差别。

表4-2 运动训练计划的类型及其功能结构特点

计划特点	计划类型	计划的功能	计划的时间组成
远景的　　框架的	多年训练计划	长期宏观规划	2~20年
	年度训练计划	中期定向控制	1~3个大周期
	阶段训练计划	承上启下调控计划偏差	0.5~6个月 或2~25周
	周训练计划	短期训练安排	7±3天或4~20次课
现实的　　具体的	课训练计划	训练实施及宏观各种计划的基础	0.5~4小时

（三）运动训练计划的结构

对于不同类型的运动训练计划来说，其不仅在功能、特点等方面有多差别，内容上也都有各自不同的侧重点,并且据此提出了相应的特殊要求。

即便如此,在整个运动计划结构上是基本相同的,可以说,不同类型的运动计划都在此结构的基础上进行侧重点不同的内容填充,可谓"万变不离其宗"。

由此可见,不同类型的运动训练计划存在着很多共同之处,其基本结构也是一致的(图 4-5)。

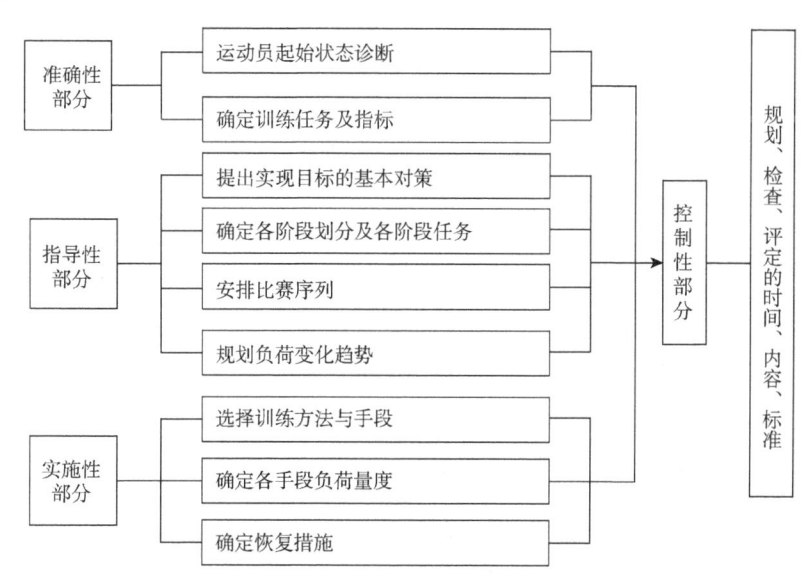

图 4-5 运动训练计划的基本结构

二、运动训练计划的制订

(一)制订运动训练计划的重要意义

(1)运动训练计划的制订,能够对训练目标进行进一步的细分,使其分化为几个具体的训练任务,这些训练任务之间是有着密切关系的,即相互独立而又彼此联系,同时,还通过进一步的分解,使各个训练任务都有特定的训练方式和内容,以此为依据,运动员可以借助有效训练方法和手段来多次重复完成各种训练,从而使各个具体任务都能得以顺利实现,从而逐步接近,直至达到训练总目标。

(2)运动训练计划的制订,能够对运动员和教练员的运动训练活动的开展产生积极的导向作用,指引他们更好地去完成训练任务、实现训练目标。

(3)运动训练计划的制订,能够在体育运动训练的开展过程中对运动员的状态和表现有客观的评价,也为后续训练计划的具体实施创造有利条件。

（二）运动训练计划制订的参照依据

在制订运动训练计划时，必须要参照充足的依据来进行，这样才有可能保证所制订出的运动训练计划是科学的、合理的、可行的，在后续的实施过程中能够顺利进行并取得理想的成效。

具体来说，制订科学的运动训练计划需要参照的依据主要有以下几点。

1. 训练目标

训练目标是在体育运动开展之初就要确定下来的，具有明确的训练方向指引作用，因此，训练计划必须围绕现实训练目标来制订。

2. 运动员的个人特点和现实状态

对于运动员来说，他们之所以能够参加运动训练的相关活动，主要考量的是其个人特点和现实状态，可以说，这两方面是其基本出发点，也是通过一定时间的训练后可能达到新水平的重要条件。因此，运动员的现实状态和特点的重要性，体现在运动训练计划的制订要以其为参照标准和依据，同时，也要保证与运动员的"最近发展区"相符，这样才能满足实施个体化训练的需求，所取得的运动训练效果才可能是最佳的。

3. 运动训练的客观规律

运动训练计划的制订必须严格遵循运动训练的相关客观规律，其中，较为主要的有：竞技状态的形成和周期性发展规律、生物和自然界的节律变化规律、竞技能力和训练内容的迁移规律、重大比赛安排的规律，以及依据人体承受负荷时的有限性和无限性规律，以及各种竞技能力和能量物质在不同负荷后的异时性恢复规律等。这些都是制订运动训练计划的先决条件，关乎所制订的运动训练计划的可行性。

4. 训练和比赛条件

运动员的体育运动训练活动都是在一定的训练和比赛条件下进行的，作为重要的外界影响因素，这一点在制订运动训练计划时也不容忽视。即便是同一个运动员，其在不同的训练条件和比赛条件下所取得的训练和比赛效果也会有显著差别。

（三）运动训练计划制订的基本要求

1. 目的明确

明确的训练目的，是在制订运动训练计划和体育运动训练开始之前就要确定好的。因为明确的目的才能起到应有的导向性作用，才会提高运动员训练的积极性和自觉性，从而使其自觉坚持进行运动训练，取得理想的训练效果。

2. 注重训练计划的连续性和系统性

从本质上来说，运动训练就是一个不断对运动员的身体机能及其适应能力产生刺激的过程，也是在这一过程中，运动员的运动能力和适应能力都会得到持续的提升，最终，运动员的竞技能力和运动成绩也会逐渐得到强化。因此，这就要求在进行运动训练之前，一定要制订出科学合理的多年规划和全年计划，同时，还要做好计划中各个训练内容的相应配比，尤其要重视体能训练的比重。

3. 训练方法和手段要多样化

体育运动训练通常都是比较枯燥和艰苦的，通过变换训练法能增加运动训练的趣味性，因此，可以通过不断地变换训练方法和手段的方式来改善这一问题，尤其要多增加竞赛和游戏的成分，从而保证运动训练的生动活泼和趣味浓郁，从而有效地提高运动员参与运动训练的兴趣。

4. 及时调整运动负荷，保证其适宜性

运动员在运动训练过程中，是必须要在一定的运动负荷下进行训练的，并且要确保所采用的运动负荷的适宜性，才能保证理想的训练效果。具体来说，在制订运动训练计划时就要以训练任务及个体情况为依据，并且结合人体机能训练适应规律，以大负荷为核心，坚持长期、系统和有节奏地安排运动负荷，在训练中确定好量与强度的最佳结合。随着训练的不断推进，运动负荷也需要进行及时调整，确保其始终都是适宜的。

5. 注重运动训练的针对性与个体性

不同运动员之间存在着一定的个性化差异，因此，在制订运动训练计划时，就需要以运动员的形态、机能、智力、心理等为依据。要针对不同运动员的个体特点，以及对手和各种比赛条件等进行针对性的个体化训练，这是毋庸置疑的。

6. 体能训练与专项技战术训练相结合

体能训练和专项技战术训练，都是运动训练计划中不可或缺的重要内容。运动员要想综合提升自身的身体素质和运动能力，就必须将这两方面有机结合起来，实现在体能训练过程中完善和检验技战术，在技战术训练中提升和巩固体能的良好训练效果。因此，体能训练应该为技战术的运用和发挥服务，与技战术训练的结合应贯穿在整个训练过程中。

7. 全面安排

运动训练计划是运动员参与体育运动训练的重要参照标准，因此，要保证运动员的全面发展和提升，就要求运动训练计划也具有全面性，这体现在训练内容上，也体现在训练方法和手段上。

三、运动训练计划的实施

（一）多年训练计划的实施

多年训练计划是运动员多年训练过程的总体规划。主要涉及逐年的奋斗目标、任务、方法、比赛安排等方面内容，通常会以文字叙述结合表格的形式将多年训练计划展示出来。

由于多年训练时间跨度较长，因此，计划是宏观的、战略性的，计划内容仅是框架式的。

在运动训练计划的实施过程中，由于运动员为了全面提升自身的综合素质和能力，需要进行一些针对性较强的训练，而较少从事专项训练和参加比赛，所以训练中也不一定每年都规定要提高专项成绩。而是要在训练目的的指导下，将每年训练的主要任务和手段确定下来，并且要求这些任务和手段能够将训练的基本方向明确下来。在多年训练计划中，所有主要任务都必须得到保留，如培养道德意志品质，掌握与改进技术、战术，发展一般与专项素质，以及学习理论与实践知识和技能。

（二）年度训练计划的实施

年度训练计划是教练员和运动员组织实施运动训练过程中的最重要的文件之一。年度训练计划是多年训练计划的细化，是一系列训练计划中最重要的计划形式之一。

1. 主要内容

（1）奋斗目标、训练指导思想和主要措施。

（2）运动员的思想、技术、战术、身体、心理等的实际状况，球队的主要优缺点等。

（3）训练的基本任务、内容、要求及手段。

（4）时期的划分，各项训练任务内容，比赛和训练负荷的安排，以及训练工作的考核与总结。

2. 类型划分

（1）单周期训练计划：全年为一个大训练周期。可以具体分为准备期、竞赛期、过渡期。

（2）双周期训练计划：全年分为两个大训练周期。又有不同阶段的准备期和竞赛期的细分。

（3）年训练计划：适合于身体机能和运动成绩已近极限的运动员采用。

3. 训练时期划分

对于年度训练计划，其主要分为准备期、竞赛期和过渡期三个时期。不同时期的训练任务各不相同。

（1）准备期训练任务：保持竞技状态，从思想、心理、身体、技战术方面为参加比赛做好充分的准备。

（2）竞赛期训练任务：进一步发展专项身体素质和培养道德与意志品质；巩固与改进专项技术；掌握战术和丰富比赛经验；保持已达到的一般身体训练与专项基础的水平，进一步改善这方面的薄弱环节及提高理论知识水平等。

（3）过渡期训练任务：调整训练，消除身体与心理的疲劳，为下一周期的训练做好准备。

（三）阶段训练计划的实施

阶段训练计划也称中周期训练计划，持续时间在 3~8 周。每个阶段由数个同一类型或不同类型但又很近似的小周期组成，它是训练过程中一个相对完整的阶段。

体育运动训练的阶段训练计划通常包含引导阶段、一般准备阶段、专门准备阶段、赛前准备阶段和比赛阶段。不同阶段的特点和持续时间各不相同。

1. 引导阶段

主要特点：训练负荷量的上升是呈平稳和逐步态势的。

持续时间：较短，2~4 周。

2. 一般准备阶段

主要特点：努力提高有机体机能的总水平，全面发展身体素质、运动技能和能力。

持续时间：4~8 周。

3. 专门准备阶段

特点：提高专项训练水平和改进运动专项技术，逐渐加大比赛性练习的比重和提高课程强度。

持续时间：4~8周。

4. 赛前准备阶段

特点：一年中这种阶段可能出现数次。

持续时间：3~6周。

5. 比赛阶段

特点：是主要比赛期间的一种训练形式。

持续时间：取决于竞赛日程和规模。

（四）周训练计划的实施

周训练小周期是由数次训练课组成的，在整个训练过程中，周训练小周期是相对完整而又经常重复的单位。不同类型的训练小周期联合在一起，它是组成阶段训练中周期的基础。

由于训练目的的不同，周训练小周期又可以分为训练小周期、比赛小周期和恢复小周期等。不同小周期的特点和内容各不相同。

1. 训练小周期

（1）"引导性"小周期：逐渐提高量和强度。

（2）"发展性"小周期：量大，强度中等。

（3）"冲击性"小周期：最大强度和最大量结合。

（4）"稳定性"小周期：训练强度较高，训练量有所下降。

2. 比赛小周期

（1）"准备性"小周期：模拟比赛条件、提高适应比赛能力。

（2）"打基础"小周期：为直接参加比赛做准备或在赛前进行。

（3）"比赛"小周期：直接参加比赛。

3. 恢复小周期

通过训练与场地改变及负荷量的降低实现积极性休息。

（五）训练课计划的实施

训练课计划的实施过程中，主要呈现出以下特点。

（1）开始部分：缓慢的准备活动。

（2）课的基本部分：运动量的曲线较高。

（3）结束部分：运动量降低。

四、运动训练负荷的科学控制

在运动训练计划中，运动负荷的调控至关重要，关系到训练效果的理想与否。对运动训练负荷程度产生影响的因素有很多，其中，起决定性影响的因素主要有训练的周期节律、专项竞技的需要、运动员的承受能力等。这就要求一定要对这几方面加以高度关注。

另外，运动训练计划中的运动负荷适宜与否，适宜程度如何，需要借助一定的方法加以判断，常见的判断方法有生物学判断、教育学判断、心理学判断等，具体根据实际情况加以选用。

（一）运动训练计划中训练负荷的科学调控

训练负荷的持续提高会在很大程度上受到人体适应和恢复机制的影响，要想在训练的每一个阶段都呈直线提高是不可能的。在不同时期，训练负荷的提升程度不同，但通常都呈各种形式的变动态势。所以，要合理运用负荷→恢复→超量恢复的生理规律，根据不同的具体条件，进行各种调控形式，逐步加大训练负荷，从而对运动员运动技能的提高和运动能力的提升起到促进作用。

在运动训练中，负荷量增长的形式主要有以下几种。

1. 阶梯式增长

增长方式：上升→保持→上升。

适用范围：比赛期前期的负荷安排。

2. 渐进式增长

增长方式：按一定的规律斜线上升。

适用范围：一个较短的训练阶段中。

3. 恒量式增长

增长方式：在一定的训练阶段中，训练量保持在一个相对稳定的水平上，变化不显著。

适用范围：大幅增长期前后。

4. 跳跃式增长

增长方式：通过负荷的大起大落打破原有的动态平衡，并产生明显的超量恢复来加大训练量。

适用范围：高水平运动员。

5. 波浪式增长

增长方式：上升→保持→下降→再上升。

适用范围：训练的各个时期。

（二）运动训练计划中训练负荷的科学安排

1. 训练量的安排要合理

合理安排训练量本身就具有显著的复杂性和科学性特点。不同训练时期、阶段的训练任务是不同的，不同运动员在训练中承担负荷的能力也大小不一，对负荷的适应过程快慢有别，对量和强度适应能力的表现也各不相同。因此，必须根据任务和对象的水平合理安排运动量。

2. 掌握好负荷与恢复的关系

运动员的体育运动训练都要保证充分的休息和恢复，在此基础上，才能进行下一次的运动训练，因此，科学安排训练课的间歇时间，并根据超量恢复的原理来掌握负荷与恢复的关系就显得尤为重要。

这里需要强调的是，负荷积累要控制在运动员能够承受的范围内，切忌达到过度疲劳的程度。另外，在体育运动训练中承受一定的训练负荷后，一定要保证充足的休息时间，从而保证机体达到超量恢复。课与课之间都要有间歇，课负荷的大小和间歇时间的长短呈正比关系。运动员接受负荷的能力及恢复的机能水平，也和间歇时间呈正比关系。负荷的性质决定了所需的恢复时间的长短。

3. 灵活变更训练计划

从某种意义上说，运动训练计划是教练员与运动员为即将进行的训练过程预先提出的设计方案。但是，在实际的体育运动训练中，运动训练活动是不断变化的，这就赋予了其可变性和复杂性的显著特点，所以，预定的训练计划与训练实践总会产生差距，可谓"计划赶不上变化"。因此，就需要及时变更训练计划，针对训练过程中的身体和心理状态、社会环境的干扰与意外的影响等各种动态变化的因素，随时灵活地变更训练计划，从而使训练效果更加理想。

第五节　加强学校高水平运动队的训练与管理

一、学校高水平运动队训练管理概述

（一）高水平运动队训练管理的基本内容

1. 组织人事管理

本质上而言，高水平运动队训练管理就是对运动队的人力资源进行有效整合，然后对人力进行管理。具体来说，对学校高水平运动队的组织人事管理工作的开展，可以从以下几方面着手进行。

（1）建立科学的选拔制度和管理体系。在高水平运动队训练管理中，首先要建立选拔制度，选拔优秀的教练员与运动员，并对其进行专业培养。

（2）采用科学的培养方法，促进人力资源素质的全面提高。在高水平运动队训练管理中，要培养各个层次的人力资源，要在新时代背景下进行人力培养，使人才符合时代发展的要求。

2. 思想教育管理

思想教育管理在学校高水平运动队训练管理中所占据的地位是非常重要的，并且这是一项隐性的内容，是需要长期坚持才能出效果的重要内容。高水平运动队思想教育水平的高低，不仅关乎学校形象，更关乎国家荣誉，因此，思想教育管理必不可少。

学校对高水平运动队进行思想教育管理所涉及的内容有以下几点。

（1）爱国、爱人民的意识与观念。

（2）集体主义精神和团队精神。

（3）遵守组织纪律的习惯。

（4）坚忍不拔、顽强拼搏的意志品质。

（5）互相尊重、助人为乐的精神。

3. 训练竞赛管理

（1）训练计划管理。关于运动训练计划，已经在上述内容中进行了探讨，这方面管理所涉及的内容主要有以下几点。

①巡逻队的训练现状分析。

②训练目标体系。

③训练的指导思想、任务、内容及方法手段。

④训练阶段的划分。

⑤训练负荷的安排。

⑥训练效果评价等。

另外，需要强调的是，训练计划制订完成后，要进行评议、检查、修订，以促进计划的不断完善，从而将其指导作用更好地发挥出来，使运动训练顺利实施，提高训练效率。

（2）参赛管理。一般来说，学校高水平运动队所参加的比赛通常具有规模大、水平高的显著特点，而且参赛数量多，因此竞赛效益往往备受关注。同时，由于面临的任务艰巨，责任重大，所以要严格选拔参赛运动员，公开竞争、教练组指定等是选拔的主要方式。但是，这两种选拔方式都有一些不足之处，比如，公开选拔不利于从全局来综合分析整个队伍的发展，而教练组指定方式说服力不强、主观性明显，因此，为了保证选拔的客观性和科学性，往往会将这两种方式结合起来运用。

在比赛过程中，运动员要严格按照教练员布置好的技战术要求去执行，队员之间要互相鼓励、帮助，充分发挥团队精神。此外，在比赛的过程中，运动员对裁判、对手、观众都要保持尊重的态度。还要做好比赛前的准备工作，避免比赛中不必要的慌乱与紧张。

4. 文化学习管理

学校高水平运动队的运动员，首先是一名学生，因此，对于他们来说，文化课是他们最基础、最本职的学习内容。只有学习好文化知识，其理论基础才会比较扎实，对于体育运动训练的开展也更为有利。另外，运动员的竞技能力具有显著的综合性特点，是由技战术、体能、智能、心理等因素共同组成的，其中运动智能的重要性不容忽视，这也从侧面反映出加强运动员文化教育的重要性和必要性。

5. 财务后勤管理

在学校高水平运动队管理中，为了使运动训练和比赛的相关需要得到有效满足，需要适当安排一些专门的人员管理财务和后勤工作，因此要科学制订管理制度，管理人员也必须严格按制度要求进行管理。

6. 科技服务管理

所谓的科技服务管理,就是指在高水平运动训练中,针对科研活动进行的管理。这主要包含两方面内容:一个是对科研人员的管理,一个是对科技攻关过程的管理。

在学校高水平运动队中进行科技服务管理,需要从以下几方面着手。

(1) 建立科技攻关团队。

(2) 注重科技服务的工作流程。

(3) 建立数据库,提高训练的定量管理水平。

(4) 建立运动训练科研管理制度。

(二) 高水平运动队训练管理的方法

高水平运动训练管理的方法有一般方法和现代方法之分,一般方法包括行政管理法、法律管理法、经济管理法等,这里不作赘述。现代管理方法主要有以下几种。

1. 数量分析方法

以定量分析为主的管理方法就是数量分析方法。

(1) 数量分析方法的要素。数量分析方法包含的内容非常丰富,这些内容也形成了相对独立的分支。但不管是哪种类型的数量分析方法,都包含理论基础、数学模型、方法步骤、管理手段四个要素。

(2) 数量分析方法的应用。常见的数量分析方法有网络计划方法、可拓工程方法、博弈论方法等。

2. 管理心理学方法

管理心理学是以管理活动中人的心理活动规律为研究对象,以提高人的积极性、激发人的潜能、提高人的工作效率和管理效率为目的的一门科学。[1] 一般的,管理心理学方法主要包括调查法、实验法、经验总结法。

在高水平运动队训练管理中采用管理心理学的一系列理论,可促进管理思想的活跃、发展,促进以人为中心的管理的加强,知人善任,合理使用人才,促进人际关系的改善和群体凝聚力与向心力的增强,促进组织的变革和发展,进而促进管理方法的丰富和管理效

---

[1] 刘青. 运动训练管理教程 [M]. 北京: 人民体育出版社, 2007.

果的提高。[①]

二、学校高水平运动队训练管理的制度建设

(一) 高水平运动队训练管理的体制

一般来说，以运动训练的性质为依据，可以将运动训练管理体制大致分为以下几种类型。

1. 以专业为主的训练管理体制

这种管理体制的主要特点是，政府相关部门负责培养运动员，国家提供训练经费、场地设施，统一安排教练员等。在这一训练管理体制下，运动员通过科学的专业训练，不断提高自己的专项技能。同时，在学校高水平运动队训练管理中也多采用这种体制，对于整合相关资源，培养高水平的运动员和优秀的后备运动人才都有着非常积极的影响。

2. 以职业为主的训练管理体制

这一管理体制的本质，就在于以职业为主的训练管理体制，就是依据市场经济发展规律和高水平竞技运动发展的需要来经营体育，具有显著的企业管理性质。

3. 以业余为主的训练管理体制

这一管理体制也具有显著特点，主要表现为，由个人或家庭支付训练经费，社会和政府共同提供训练所需的场地设施。在这种体制中，文化教育和运动训练都能够得到保障，对运动员的全面成长是有帮助的。

(二) 高水平运动队训练管理机制的创新发展

1. 观念创新

这里所说的观念创新，实际上就是管理思维和理念的创新，这也是高水平运动队训练管理机制创新发展的首要任务。具体来说，高水平运动队训练管理观念创新可以从以下几点着手进行。

(1) "物本管理"向"人本管理"的转变。

(2) "命令管理"向"服务管理"的转变。

---

① 田麦久. 运动训练学 [M]. 北京：高等教育出版社，2006.

（3）"静态管理"向"动态管理"的转变。

（4）"封闭管理"向"开放管理"的转变。

2. 组织创新

我国学校高水平运动队训练管理，所采用的组织结构以金字塔结构为主，表现出的问题主要有：分工过细、结构层次重叠、管理幅度小、工作效率低、部门之间存在隔膜、工作人员的积极性和创造性不高、全社会参与度低等。这些问题对高水平运动队训练管理的质量与效率都产生了严重的制约甚至阻碍作用。这些问题要想得到妥善解决，加强运动训练管理组织创新势在必行，由此能够有效促进运动训练相关资源的优化配置、机构的整合和各岗位人员作用的充分发挥，从而大大提升管理效率，对于高水平运动队训练水平的综合提升也大有益处。

3. 方法创新

在高水平运动队训练管理中，科学有效的训练管理方法是不可缺少的重要因素。因为，这对于管理者管理职能的发挥及管理工作的落实，甚至管理目标的实现都有着密切的影响。

关于学校高水平运动队训练管理的方法，首先，要保证其科学性和可操作性，加强运动训练管理方法的创新，使管理方法做到与时俱进。要做到这一点，就需要管理者在对各个训练管理方法有全面且深入了解的基础上，综合它们的特点和应用范围、适用对象等，根据实际需求进行针对性的整合与创新，在运动训练管理领域引入新管理方法，促进管理水平的提高。

4. 制度创新

要做好学校高水平运动队训练管理的制度创新，要选择好创新的方式，具体来说，以下两种较为适宜。

（1）推陈出新，对过去的规章制度进行深入改革，从而有效促使已有制度的进一步完善。

（2）在原有的基础上，制定新的运动训练管理制度。

三、学校高水平运动训练管理的科学评价

对学校高水平运动训练管理的评价进行研究，首先要明确其训练管理的绩效，这主要

体现在运动训练管理过程和运动训练管理结果中。学校高水平运动训练管理的评价，实际上就是对绩效的评价。

学校高水平运动训练管理中对管理绩效的评价，主要涉及以下几方面的内容。

（一）条件评价

高水平运动队训练管理的条件包含了人力、物力、财力、信息、技术等方面。要对运动训练管理的条件进行评价，就要保证评价的全面性，从而保证评价的客观性与准确性。

（二）过程评价

在对学校高水平运动队训练管理过程的评价中，要从教学管理、训练管理、思想政治工作、生活管理、行政管理等方面入手。

（三）效益评价

在学校高水平运动队训练管理的效益评价方面，通常将上一级训练层次输送的人才数量、质量及训练的成才率等作为主要的评价标准。

第五章 高校体育教学训练水平提升的科学保障策略

高校体育教学训练水平的提升需要各方面的资源做保障,其中,教学师资、教学训练安全和教学质量保障都是非常重要的内容。只有构建一个科学、合理的保障体系才能促进高校体育教学训练水平的提升。本章将针对以上内容做重点的研究与分析。

第一节 师资保障

在高校中存在一般的体育教学,同时也存在高水平运动队,这两个方面都需要具备良好的师资力量。本节就重点针对体育教师和教练员的培养展开具体的研究与分析。

一、体育教师培养

(一)体育教师的职前培养

1. 加强体育教师综合能力的培养

一般来说,高校体育教师应具备良好的思想品德,拥有良好的身心素质,并且在文化知识能力、教学能力、科研能力、创新能力等方面达到专业要求,因此要加强对高校体育教师综合能力的培养,在培养效果的评价中,将各部分能力均作为重要考察指标,切实提高未来体育教师的综合素养。为达到这一目标，要制订科学的体育教师人才培养方案，设置丰富而专业的培养课程，不断提高体育教师培养的质量和效果，建立一支高素质的体育教师队伍。

2. 加强体育课程建设

为促进体育教师能力，加强体育课程的建设具体要符合以下三个"统一"。

（1）基础性和前沿性的统一。为培养体育教师而设置的专业课程中，最根本的课程内容是专业基础知识，而最能体现课程时代性的是学科前沿知识。设置课程内容时，专业基础知识和基本技能必须要务实，在此基础上与时俱进，结合专业知识而提出前沿性学科问题，满足基础性和前沿性有机统一的要求。

一方面，体育教育专业研究生学习的专业理论知识应该是全面而广泛的，要将这些知识牢牢掌握，清楚而深入地理解体育的发展史、体育重要理论等，从而为学习具体项目的专业知识奠定良好的基础。

另一方面，体育教育专业要紧跟时代发展的潮流，了解社会发展对体育教育人才的需求，从而不断更新课程内容，补充具有前沿性的学科科研成果，与时俱进，促进体育教育专业学生思维的拓展，培养高层次的体育教育人才。这也是我国体育教育事业与时俱进、走向时代发展前沿的要求。

（2）理论性和实践性的统一。高校体育教育专业设置研究生课程时，要对社会的实际需求进行考虑，突出课程的应用性和实践性，不能过分强调课程的理论性而忽视了对体育教育专业研究生教学技能的培养。要适当增加实践类、应用类课程的比例，使学生既要掌握理论，也要掌握方法，同时要给学生创造实践机会，使其在适宜的场合将所学知识和技能运用到实践中，在实践中对他们解决问题的能力进行培养。实习课给学生提供了体验教师角色的机会，使学生提前感受将来成为体育教师后给学生讲课的心情，通过转变角色来培养学生的实践教学能力，使学生熟练专业教学技能，为将来成功就业打好基础。

（3）整体性和层级性的统一。面向体育教育专业研究生设置课程及完善课程体系时，要遵循体育教育人才的培养理念，考虑研究生未来职业需要，突出课程的专业性、整体性及层级性。高校不能因为教学条件有限而随意缩减课程，要尽可能创造条件去设置与实施完整的课程。在完整的基础上追求层次性，解决不同课程之间层级不清晰、界限模糊的问题。要保证课程的完整性与层级性，就要循序渐进地设置本科课程、硕士课程和博士课程，理顺三类课程之间的内在联系，把握好各类课程的独特性，避免不同层级课程的重复。各级课程的教学内容应该是逐渐拓展和延伸的,要不断扩大课程的广度与深度,同时又不失专业性和实用性。

3. 注重能力考评

以篮球师资为例,高校体育教育专业在培养篮球师资的过程中,要重视定期对培养对象进行能力考核,重点考核教学能力、运用信息技术的能力等,通过考核发现问题,了解哪方面的专业能力或基础知识还比较欠缺,从而及时弥补与完善,逐步增加专业知识储备,提升专业教学技能水平,实现全面发展,提高篮球师资培养的效果。

(二) 体育教师的在职培训

1. 培训内容

一般来说,高校体育教师的培训内容以体育教师应该具备的素质和能力为主。将教师基本素质与能力作为主要培训内容,能够有效提升体育教师的综合素养,提高其教学能力。具体来说,高校体育教师应该具备以下几方面的能力。

(1) 教学能力。体育教师的教学能力表现在很多方面,其中运用教材教法是最为基础的一种能力。体育教师在教学过程中要对教学大纲有准确的把握,要学会合理地处理教材,并能依据大纲合理地选择教学方法,从而提升课堂教学效果。在体育教学方法中,讲解和示范是最基本的方法,体育教师要具备良好的讲解与示范能力,这样才能抓住学生的兴趣点,促使学生以积极饱满的精神投入学习之中。

(2) 业余训练能力。在学校体育教学中,体育教师的主要职责与任务是组织与实施教学工作,但如果学校没有配备专门的教练员,其还要担任教练员的角色。对于一般的体育教师或教练员而言,需要具备一定的训练能力,有较好的执训素养。具体要求是专业技术过硬,运动训练学、运动保健学等相关学科知识掌握扎实,能设计科学合理的训练计划和方案,能组织和管理好运动队。

(3) 思想品德教育能力。体育教师要具备所有教师岗位从业者都应具备的职业道德素养,如为人师表、教书育人、爱生敬业等,体育教师只有自己先具备了良好的道德素质,才能在体育教学中对学生进行思想品德教育,从而通过自己的一言一行去积极影响学生,起到言传身教的表率作用。体育教师在教学过程中要以理育人,以情感人,这样才能赢得学生的尊敬与信任,成为学生学习的榜样。

(4) 运用现代信息工具的能力。如今,各种信息技术手段被大量地运用到学校教育中，以计算机网络为基础的现代化教学手段在体育教学中运用的十分频繁，这就对体育教师的信息素养和信息化教学能力提出了一定的要求。体育教师要与时俱进，不断学习与掌握先进的信息化教学手段，能够熟练操作计算机，尤其是常用的教学软件，这样才能有效提高体育教学效率，促进体育教学质量的提高。

（5）科研创新能力。科研创新也是体育教师应具备的一项重要能力。如今，培养科研型教师成为各大培养单位的重要任务。高校体育教师要具备良好的科研能力，充分掌握科研方法和技巧，及时学习科研成果，这将有助于体育教师以科学严谨的态度去审视体育教学问题，用科学的方法去解决教学问题，提高教学的科学性，促进高校体育教学的快速发展。

2. 培训形式

（1）教研活动。高校体育教研室在培训体育教师方面发挥着重要作用，一般通过开展形式多样的教研活动来进行培训，常见形式如下。

①集体备课。

②观摩教学。

③专题讨论。

④组织教学研究课。

⑤举办经验交流会。

⑥召开公开评议会等。

（2）科研活动。有计划地组织体育教师进行调查研究，以篮球专项为例，可以结合篮球教学、篮球课外活动、篮球训练、篮球比赛等实际情况开展科学研究，定期或不定期地举行学术交流会、学术研讨会。

（3）自学。自学和继续教育是体育教师培训、进修的基本途径。体育教师要从自己的实际情况和专业需要出发制订自修和继续教育计划，从而有效提高自己的专业素养。

（4）专题讲座。结合高校篮球教学改革的实际情况，邀请有经验、有成效的优秀体育教师或学者、专家进行专题讲座或经验介绍。这一培训形式必须紧密结合实践，灵活采用。

（5）短期培训。高校根据实际需要而聘请专家或知名教师对体育教师进行短期培训。这是提高体育教师业务能力的重要方法。[1]

---

[1] 王家宏等. 21世纪体育教育人才培养的研究［M］. 北京：北京体育大学出版社，2007.

二、教练员培养

（一）教练员的基本素质

在体育运动训练活动中，教练员是训练活动的组织者和领导者，其素质水平在很大程度上决定着训练工作的质量和效果。一般情况下，教练员应具备两个方面的素质，即思想品德素质和运动专业素质。

1. 思想品德素质

（1）政治思想素质。政治思想素质主要是指教练员能正确认识和理解党和国家的体育方针政策，明确社会主义市场经济条件下竞技体育和学校体育的功能，具有为社会主义体育事业服务和献身的良好道德品质。

（2）职业道德素质。职业道德主要是指教练员在训练和培养运动员过程中必须遵循的行为准则和规范。教练员的职业道德会对运动员起到重要的教育和调节作用。教练员应具备下列职业道德：热爱祖国，献身体育事业；以身作则，严于律己；团结协作，公平竞争；勇于创新，开拓进取。

2. 运动专业素质

（1）运动专项素质。作为一名合格的教练员，应具备良好的运动专项素质，要有良好的技战术能力，不仅要理解技战术的内涵、特征，还要掌握技战术的发展趋势，在实战中熟练运用技战术，并具有一定的创新能力。

（2）知识素质。一般来说，教练员的知识素质水平在一定程度上反映了其智力水平，良好的智力是教练员在运动训练工作中认识问题和解决问题的基本条件。教练员不仅要掌握专项运动的基本知识，还要掌握教育学、心理学、训练学及运动人体科学等相关学科的知识，在储备知识的基础上要有灵活运用知识的能力。所以说知识素质不仅包括知识，还包括能力素质。教练员要不断提高自己的文化水平，积极开拓思维，提高审美素养，掌握创新知识和技能，积累经验，丰富阅历，从而促进运动员健康发展。

（3）心理素质。大量的实践表明，教练员的心理素质也会对运动队或运动员产生重要影响。教练员的心理素质越好，运动队的向心力就越强，运动员在训练和比赛中的发挥更稳定、扎实。反之，如果教练员心理素质差，存在明显的性格缺陷，情绪易激动，意志不坚定，那么在临场指挥中很难带领队伍取得好成绩，这对于运动队或运动员的发展都是十分不利的。

（4）能力素质。一般来说，教练员的能力素质包括三个层级，各层级包含的能力要素不同，且发挥的作用也不同，具体见表5-1。

表5-1 教练员的能力素质结构[①]

三个层次	具体内容	作用
基础层次	自学能力	学习和掌握运动训练相关信息
	观察能力	
	感知能力	
	理解能力	
中间层次	想象能力	运用思维来筛选、加工和组合从外界获取的训练知识、信息
	判断能力	
	科研能力	
	综合能力等	
最高层次	表达能力	运用信息和知识指导训练实践，解决训练问题
	组织能力	
	操作能力	
	创造能力等	

（二）教练员的培养途径

伴随着现代体育运动的快速发展，时代对从业人员的综合素质提出了越来越高的要求，一名教练员必须要在文化知识、业务素养、科技创新、科学研究等方面都达到一定的水平，这也是培养教练员的要求和目标。下面具体分析培养高校教练员的主要途径。

1. 院校培训

院校培训可以发挥体育院校科研、设备和人才的优势，同时结合多种形式的学习和深造手段来有效培养教练员。一般来说，院校培训主要有以下几种形式。

（1）全日制学习。以退役优秀运动员或有培养前途的青年教练员为对象，参加体育院校研究生学位班的学习，提高培养对象的知识素质。

（2）单科学习。采取单科结业的学分制，修满学时数，考试合格，就可以获得学分，待修完研究生的学分，再发放学习证明。

[①] 仇慧. 高校篮球教程 [M]. 哈尔滨：哈尔滨工业大学出版社，2006.

（3）岗位培训。岗位培训也是教练员培训的一个非常重要的途径。这一培训形式主要是从教练员队伍的实际出发，结合高校运动训练与竞赛的实际，强调培训的针对性、实用性，贯彻学用结合、按需施教，注重教学训练、竞赛指挥、队伍管理和职业道德等素质的培训。

2. 岗位实践

通过院校培训的教练员，最终要在教练员岗位上发挥自己的才能，通过岗位实践也能有效提高教练员的素质，具体可以采取以下几种方式。

（1）自学。积累自身和他人在运动训练和比赛中的经验，总结教训，突出重点，实事求是，发现问题的实质，得出正确结论，这样会对下次的实践活动有价值。

（2）在实践中学习。教练员要重视岗位实践，在实践中学习和应用相关知识，解决问题，提高自身的实践能力。

（3）出国留学。院校对于有前途的年轻教练员，可选送去体育强国进行培训，使教练员了解其他国家的先进运动训练理论，学习成熟的运动训练和管理方法，这对于我国体育事业的发展具有重要的实践意义和作用。

第二节 安全保障

一、注重营养的补充

（一）人体所需的营养素

在体育教学或运动训练活动中，为保证各种活动的顺利进行，人体需要各种营养素的摄入，这样才能满足运动机体的需求。运动员在参加足球运动训练的过程中，一定要注意营养摄取的全面性，不全面的营养摄入会影响身体的健康发育，不利于运动锻炼的顺利进行。

在高校中，不论是普通学生还是高水平运动员，都需要注意以下几种营养素的补充。

1. 水

水可以说是维持人体生命活动的重要物质，人体的生命活动离不开水的参与。在人体各种营养素中，水的含量是最多的，约占人体体重2/3，由此可见水占据着十分重要的地位。水的缺乏会导致人体各种生理功能受限，不利于人体的健康发展。水对于人体的主要作用在于参与人体代谢过程、促进腺体分泌正常及调节体温，另外水对人体还有其他方面的作用，在此不做赘述。

人体中的水主要来自摄入的食物和饮料。对于一个正常的成年人来说，每天基本的水摄入量为2000~2500毫升。对于经常参加运动训练的运动员而言，一定要注意水分的摄入，以维持机体的需要。

2. 糖类

糖类主要有单糖、双糖和多糖之分。其中，单糖主要有葡萄糖和半乳糖，双糖有乳糖、蔗糖和麦芽糖，多糖则有淀粉、糖原和果胶。

总体来看，糖类的功能主要体现在以下几个方面。

（1）糖类是一种重要的维持机体正常运转的能量供应物质。

（2）糖类易于被人体所吸收和利用，为人体提供重要的能量。

（3）糖类是构成人体细胞和神经的重要物质，在人体各类营养素中占据着十分重要的地位。

人们在平时的生活中可以通过各种食物来获取糖类，如米、面、水果、牛奶等，日常的饮食一般都能满足机体对糖的需求。

3. 脂肪

脂肪主要由碳、氢和氧等元素构成。一般来说，脂肪主要具有以下几个方面的功能。

（1）脂肪能帮助人们更好地维持正常的体温。

（2）脂肪能很好地保护人体内脏器官不受破坏。

（3）脂肪是构成人体细胞的重要成分。

脂肪主要来源于肉类、蛋黄、花生等食物中，日常的饮食一般就能满足机体对脂肪的需求。

4. 蛋白质

蛋白质主要由氧、碳、氢和氮等元素构成，它有完全蛋白质、不完全蛋白质和半完全蛋白质之分。蛋白质主要有以下几个方面的功能。

（1）蛋白质是构成人体细胞的重要物质。

（2）蛋白质能在一定程度上修复人体受损的细胞。

（3）蛋白质能为人体提供必需的能量。

（4）蛋白质能产生抗体，使人体产生极大的抵抗力。

人们可以从蛋、豆、肉等食物中获取足量的蛋白质，一般都能维持人们日常生活和运动锻炼的需要。

5. 矿物质

矿物质主要包括常量元素和微量元素两种。其中常量元素主要有钙、钠、磷、镁、氯、钾等，微量元素主要有铁、锌、碘、铜、硒等。虽然矿物质在人体中的含量并不高，但也是不可或缺的，缺少了任何一种微量元素，人体健康都会受到一定的影响。

总体而言，矿物质具有以下几个重要的营养功能。

（1）矿物质是构成人体组织的重要成分。

（2）矿物质能在一定程度上维持人体的酸碱平衡。

（3）矿物质是一种重要的辅助物质。

可以说，矿物质广泛存在于我们日常所食用的各类食物中，如乳制品中含有大量的钙；动物内脏中含有大量的铁和锌。一般情况下，日常饮食就能满足机体对各种矿物质的需求，不需要进行额外的补充。

6. 维生素

维生素也是人体所需的一种重要营养素。根据维生素的可溶性可将其分为水溶性维生素和脂溶性维生素两大类。水溶性维生素主要有维生素C族和维生素B族等，脂溶性维生素主要包括维生素A、维生素D、维生素E和维生素K等几类。具体而言，各类维生素的营养功能如下所述。

维生素A：健齿、健骨、促进人体对营养物质的消化等作用。

维生素B_1：促进能量代谢及糖代谢生成ATP等作用。

维生素B_2：预防脚气病及缓解口腔溃疡等作用。

维生素C：抗氧化、缓解机体疲劳等作用。

我们平时所食用的蔬菜、水果中都含有大量的维生素，食用大量的蔬菜和水果通常能获得足量的维生素，以满足机体所需。

（二）运动训练中的营养补充

1. 水

人体在长时间的运动后，机体难免会消耗大量的水分，如果不及时补充水分，机体就会因为缺水而丧失运动能力，由此可见补水十分重要。在水的补充方面人们普遍存在一个误区，即认为只有当感到口渴的时候才认为需要补水。实际上，人体一旦感到口渴，就代表其身体已经丢失了3%的水，此时的机体便处于轻度脱水的状态之中。身体脱水会给人们带来很多生理上的阻碍，不仅如此还会严重影响人体的运动能力。由此可见，运动中及时补充水分非常重要。

（1）运动前补水。运动前补水的主要目的在于预防人体出现脱水现象。一般情况下，运动前的补水应以少量多次为原则，在运动开始前2小时补充0.4~0.6升的水，运动员在运动前也可以选择一些运动型饮料来补水，可以取得不错的补水效果。

（2）运动中补水。运动员进行长时间的运动训练，机体会大量的排汗，在这样的情况下，水分会大量丢失，此时补水能维持体内水的含量，保证机体所需。一般情况下，运动中的补水量以排汗量为依据确定，一般情况下，运动中补水的总量要在失水量的50%~70%，可以选择合适的运动型功能饮料补水。

（3）运动后补水。与运动前和运动中一样，运动后的补水同样非常重要。运动后补水能在一定程度上补充身体欠缺的那部分的水，从而使运动机体获得充足的能量。运动后所补的水应是有一定含糖量的饮料，这能有效地恢复运动机体的血容量，同时要尽可能地避免补充碳酸饮料。需要注意的是，运动训练的初始阶段，要适当地增加蛋白质。这是因为此阶段中运动机体会出现更多细胞损伤的情况，此时补充蛋白质有助于对受损细胞快速修复。

2. 维生素

维生素对于人体营养素的补充也是十分重要的。人体内所需的维生素需要通过食物摄入。经常参加运动训练的运动员更应该注重维生素的补充，维生素的补充要及时、全面和适量，有利于机体顺利参加运动训练和比赛。在具体补充时，要依据运动员的个人实际情况进行，补充要具有针对性。

另外，在运动训练的过程中，运动者要依据运动的强度和频率适当地补充蛋白质。不同的运动强度和运动频率对体内的蛋白质消耗有着不同的数量，此时对蛋白质的补充要与运动强度和频率成正比。

需要注意的是，蛋白质的补充要能维持体内蛋白质的"正平衡"状态，即补充的蛋白质量多于消耗的蛋白质量。除此之外，蛋白质的补充量还要以体力活动的强度为依据进行适量增减。例如，当进行力量、耐力等强度较大的锻炼时，对其蛋白质的补充应达到每日总能量摄入的15%~18%，如果是强度稍小的其他形式的训练，则补充量应达到每日总能量摄入的14%~16%。总之，蛋白质的补充要根据具体的实际情况进行，不能盲目补充，否则容易带来不必要的麻烦。

二、促进运动疲劳的恢复

（一）运动疲劳的概念

无论身体疲劳还是精神疲劳，都是大脑皮质的保护作用。当内环境发生变化促进大脑发出保护性抑制，中枢神经系统工作能力会逐步降低。当肌肉活动达到一定程度后，能源物质的耗竭、血液中代谢物堆积、内环境稳定性失调等因素会引起疲劳产生。因此，疲劳其实是生命体根据内外环境的适应情况所作出的一种生理性防御，防止机体的精神或者躯体因过度工作而受到伤害。而运动疲劳是指人体随着运动的进行，运动能源消耗越来越多，这时候机体会出现运动能力、身体功能均逐渐暂时性下降的生理现象。只要经过合理的休息，运动疲劳对人体并不会造成损害，它只是提醒人体防止过度运动而伤害健康的一种保护机制。

一般来说，运动疲劳的表现大致包括以下两个方面。

（1）体征表现。面色苍白、眩晕、肌肉抽搐、呼吸困难、口干舌燥、声音嘶哑、腰酸腿痛等。

（2）精神状态。精神恍惚、感到疲倦、无力感、无精打采、情绪低落、缺乏热情、困倦、反应慢、犯比较简单或者低级的差错等。

（二）运动疲劳的判定

1. 自我感觉

自我感觉是判断运动性疲劳的第一道防线，比如运动员感到疲倦，主观上要求休息。当运动员的运动积极性下降，并且伴随着呼吸紊乱、口干舌燥、心悸、恶心、乏力、动作迟钝或者僵硬、脚步沉重、肌肉痉挛或疼痛、食欲不振、睡眠不好等症状时,说明机体已处于疲劳状态。由于运动项目的不同、运动员自身的身体状况不同,运动性疲劳产生的原因也各有不同,运动员的自我感觉也各不相同。运动者可以通过自我感觉来判断机体是否疲劳。

2. 物理检查

通过检测运动员运动训练后身体的各项反应来对疲劳程度进行判断,比如眼神无光、表情淡漠、连打哈欠、反应迟钝、动作的准确性与协调性均表现出明显的非正常水平等。这些是在体征上表现出了疲劳的现象,然后需要结合相应的身体指标检查,来准确地判断运动员的疲劳程度,比如血压下降、体温升高、心率加快等。

经过调查和研究,通常将运动性疲劳的检查分为以下三种类型。

(1) 形体疲劳。形体疲劳是指肌肉、肌腱和韧带、骨和关节的疲劳。主要表现为肌肉酸痛、肌肉僵硬,肌腱、韧带和肌肉压痛广泛,动作不协调,脉搏多弦。关节处的肌腱、韧带和骨疼痛,有压痛,或者微肿等。

(2) 脏腑疲劳。脏腑疲劳主要发生在大负荷运动训练或比赛后,机体的脏腑功能表现为明显的失调和下降。最常见的有脾胃功能失调、积食阻滞、腹胀、厌食、口淡无味、面色苍白、气短懒言、头晕目眩、舌淡脉弱、心悸腰酸、神疲乏力。女性还会出现月经失调等。

(3) 神志疲劳。神志疲劳主要表现在精神和情志方面的改变。主要表现为失眠、精神不振、困倦等。

3. 心理学指标

由于心理疲劳产生的因素有很多,目前并没有心理疲劳的公认概念。本书比较认同的是北京体育大学刘方琳等人对心理疲劳的阐释,他们将心理疲劳分为两类,即"真性心理疲劳"和"假性心理疲劳"。该观点认为"真性心理疲劳"是由于过度训练引起的生理疲劳而造成的,是心理上的疲劳感和无力感。"假性心理疲劳"是由生理疲劳以外的其他因素引起的,包括常规训练竞赛因素和常规训练竞赛以外的因素。心理学研究表明,心理疲劳主要是由于长期的精神压力、反复的心理刺激及恶劣的情绪作用而逐渐形成的。

通过分析运动性心理疲劳的表现症状,选择比较灵敏、客观的指标,对运动性心理疲劳进行科学合理的判定,可以更好地指导运动训练和比赛。目前,评定心理疲劳的方法有很多,比较常见的分为三类:观察评定、主观感受和客观指标。

（1）观察评定。指在训练过程中，教练员通过观察运动员的运动表现，从而安排和调整训练内容及训练负荷，从而对运动员的心理性疲劳做出调整。比如，当运动员在训练中表现出反应迟钝、注意力涣散、精神恍惚、情绪烦躁、易怒、沮丧、肌肉松弛、动作懈怠不活泼，均可以初步判断为心理疲劳。观察评定是一种在实践中比较容易操作的方法，但是它的缺点是不够客观和准确，还需要结合其他方法一起使用。

（2）主观感受。主观体力感觉等级是瑞典心理学家 Borg 于 20 世纪 70 年代创立的一种评价心理疲劳程度的方法，是根据运动时的中枢疲劳和外周疲劳信号综合制定的。主观体力感觉等级表现形式是心理的，而反映的却是生理机能的变化，在训练实践中具有一定的辅助作用。

（3）客观指标。通过测定大脑皮层的兴奋和抑制功能，分析人的感觉、注意力、思维活跃度、个性差别等各种心理活动。还有研究指出脑电的波形可以较明显地反映出心理疲劳时人体反应迟钝、判断失误、注意力不集中、厌倦训练等表现，有时还伴有神经系统的症状。

无论采用哪种方式来判定、检测心理疲劳，都需要遵循两个原则。首先，检测应该是长期进行，因为长期积累的数据表现更为客观和准确。其次，心理疲劳的评定主要是个人化的、是以主观感受为主，对测试结果的评定应以自身对照为主。

（三）运动疲劳的恢复手段

1. 劳逸结合

根据运动疲劳的机制和原理，运动员在运动训练的过程中一定要注意劳逸结合，大量的实践与事实表明，劳逸结合的锻炼方式能有效消除运动中的运动性疲劳，有利于运动员运动训练的顺利进行。

（1）通过增加睡眠时间，提高睡眠质量消除运动性疲劳。

（2）运动前做好充分的准备活动，运动后做好整理活动，这样能有效预防和消除运动疲劳。

（3）运动员在结束运动训练后，不要立刻静止不动，要采用积极休息的方法逐渐从运动状态过渡到静止状态，可以采用放松走、变换活动部位等方式进行，这非常有利于运动员机体的恢复。

2. 心理调节

根据运动心理学理论，通过一定的心理干预可对大脑皮层进行调节和消除机体疲劳。

心理调节可在宜人的环境中进行，要注意室内或室外的温度、光线、声音、空间、空气等是否令人感到舒适，可以采用以下手段进行调节。

（1）充分的表象和冥想，树立参加运动训练的自信心，激发运动训练的兴趣和热情。

（2）自我积极暗示，语言暗示与鼓励的方式能提升人的自信心。

3. 音乐疗法

音乐疗法是通过音乐作用于个体心理进而引起生理上的变化来消除个体运动健身疲劳的方法，是一种有效的心理干预方法。

除了上述几种消除运动疲劳的方法，还有一些能有效消除疲劳的手段，如沐浴、按摩、补充营养等。运动员可以结合自身的特点和需要合理地进行选择。

三、正确处理运动损伤

（一）运动损伤的预防

1. 运动损伤预防的原则

（1）提升指导者意识原则。学生或运动员在参加运动训练时，为保证训练的有效性和安全性，可以请一些专业人士作指导，同时还要时刻提升自己预防运动损伤的意识。在平时的运动训练中，要加强预防运动损伤的教育工作，让运动者充分意识到预防运动损伤的重要性，时刻做好运动防护。

（2）合理负荷原则。不论是参加教学活动还是运动训练，运动者要确定适宜的运动负荷，如果运动负荷不当就容易导致运动损伤。一个合理的运动负荷能极大地降低运动损伤发生的概率，确保运动者训练中的安全。但是，运动者要想更好地提升自身的运动技能水平，还需要适当地增加运动负荷，这样才能有效提高运动技能水平。

（3）全面加强原则。全面加强主要是指增强运动者身体素质，提升运动水平。运动者需要具备良好的身体素质，良好的身体素质是运动者提高运动技能，杜绝运动损伤的重要基础和保障。因此，在平时的教学或训练活动中一定要注意这一原则。

（4）严格医务监督原则。为有效预防运动损伤，还需要加强医务监督。必要的医务监督有助于运动者及时发现身体不适等状况，实现早发现、早处理的目的。除此之外，在平时的教学和训练中，还要定期或不定期地检查各种体育硬件设施，杜绝安全隐患。

（5）自我保护原则。体育教学与训练活动存在着一定的风险，因此运动者在参加运动训练时还要注意自我保护，严格遵循自我保护的基本原则，努力提升自我保护意识，不断提升自我防护能力，避免运动损伤。

2. 运动损伤预防的措施

（1）加强力量训练，提高力量素质。力量素质在人体各项体能素质中占据着十分重要的地位。因为力量是其他各项素质的重要基础。运动者在参加户外拓展训练的过程中就能展现出强大的爆发力与协调力，这对于运动损伤的预防具有非常大的帮助。例如，进行身体对抗的两名学生，身体力量占优的一方发生损伤的概率要相对低一些。由此可见，加强力量素质的训练非常重要。

（2）注重体格检查。体格检查也是预防运动损伤的一个重要措施，这有助于教师和学生充分了解身体发展状况，制订出科学合理的活动方案，从而有效避免运动损伤。

（3）加强自我保护。运动者在进行运动训练时要根据运动项目的特点学会自我保护的方法，在运动过程中加强自我保护，这样能有效预防运动损伤。

（4）维护良好的运动环境。在平时的教学或训练活动中，运动者要树立安全意识，维护良好的运动环境，这对于预防运动损伤具有重要的意义。

（二）运动损伤的处理

1. 擦伤

擦伤可以说一种常见的表皮损伤，擦伤后，多可表现为皮肤表皮剥脱，可伴渗液、出血。

运动者在参加运动训练时，发生擦伤的情况是比较常见的，这一现象发生后可以按照以下方法处理。

（1）较轻擦伤：生理盐水冲洗，涂抹红药水或紫药水或0.1%新洁尔溶液。

（2）大伤口擦伤：生理盐水刷洗、清理创面异物，碘酒或酒精消毒，涂云南白药，纱布包扎。

（3）关节擦伤：清洗、消毒，涂抹医用止血止痛药，如青霉素软膏。

2. 挫伤

挫伤，是一种受钝性外力作用产生的伤口闭合性损伤，与擦伤相比，挫伤的损伤程度要更深，伤后可伴有肿胀、疼痛、出血等现象的发生。

发生挫伤时，运动者可以采取以下方法做简单的处理。

（1）伤后即刻局部冷敷、外敷新伤药。

（2）四肢挫伤：包扎固定，及时送医。

（3）头部、躯干部严重挫伤：观察伤者是否受伤有休克、大出血现象，如有应先进行休克处理，尽快止血，及时送医。

（4）手指挫伤：冷水冲淋、按压止血，包扎。

（5）面部挫伤：冷敷，24小时后热敷。

（6）伤情严重者及时送往医院处理。

3. 拉伤

拉伤一般情况下是人体肌肉过度收缩或拉长导致，拉伤主要是准备活动不充分、动作用力过猛等原因导致的。

发生拉伤时，运动者可以采取以下方法处理。

（1）轻度拉伤：冷敷，局部加压包扎，抬高患肢。

（2）严重拉伤：简单急救后，立即送医。

4. 扭伤

扭伤是肌肉、韧带、关节超过自身活动范围的扭动所致，活动不充分、动作幅度过大、运动方向不当均可致伤，伤后会有疼痛、肿胀感，严重者有运动障碍。

运动者在发生扭伤时可以采取以下处理方法。

（1）指关节扭伤：冷敷，牵引放松，固定伤部。

（2）肩关节扭伤：冷敷和加压包扎。24小时后可按摩、理疗或针灸。

（3）腰部扭伤：平卧休息，伤部冷敷。

（4）膝关节扭伤：压迫痛点止血，抬高伤肢，加压包扎。及时就医。

（5）踝关节扭伤：压迫痛点，包扎固定；韧带断裂应压迫包扎并及时就医。

5. 关节脱位

关节脱位，指关节离开关节应在位置，关节脱位后关节及其周围肌肉有明显疼痛、肿胀，撕裂感，关节功能丧失。

运动者在发生关节脱位时可以采取以下处理方法。

（1）如有经验，可以及时复位。

（2）如无复位经验，及时送往医院救治。

6. 肩袖损伤

肩袖损伤主要是由肩关节超常范围急剧转动、劳损、牵拉、摩擦等引起。大学生在参加体力活动时，发生肩袖损伤时感到一定的疼痛，肩外展或内旋疼痛会加重。

运动者发生肩袖损伤时可以采取以下处理方法。

（1）急性发作期间，暂停健身，肩关节制动，上臂外展30°固定，以减小有关肌肉张力而减轻疼痛症状表现。

（2）进行必要的休息、调整后，可做一些理疗、按摩和针灸。

（3）伴有肌腱断裂并发症时，立即送往医院救治。

7. 腰肌劳损

腰肌损伤是运动者在运动时腰部长期保持同一个状态或腰部动作过多，腰部肌肉运动幅度过大，长时间疲劳没有恢复的情况下持续运动而导致的。腰肌劳损的症状一般为酸痛，具有刺痛感。

运动者在发生腰肌劳损时可以采取以下方法进行处理。

（1）可以采用理疗、按摩、针灸等治疗手段。

（2）可以口服针对性药物。

（3）用保护带及加强背肌练习进行运动康复。

（4）顽固病例应进行手术治疗。

8. 髌骨劳损

髌骨劳损是髌骨的关节软骨面和髌骨因缘股四头肌张腱膜的附着部分的慢性损伤，发病时，有膝软与膝痛现象。

学生或运动员在参加运动训练时，如果发生髌骨劳损可以采取以下方法处理。

（1）根据自身实际情况适当地调整运动量的大小。

（2）注意受伤部位的积极性休息。

（3）可以采取按摩、理疗等手段进行治疗。

9. 韧带损伤

在参加运动训练时，操作不当可导致机体在做大幅度动作时拉伤韧带，出现韧带损伤时可以采取以下处理方法。

（1）弹力绷带做8字形（内侧交叉）压迫包扎，冷敷。

（2）棉花夹板固定，加压包扎、制动、减少出血、止痛。

（3）韧带完全断裂者及时送医处理。

（4）伤后 24 小时左右可中药外敷或内服、按摩、理疗。

10. 骨折

骨的完整性遭到破坏的损伤称为骨折，运动健身时，机体遭到被动冲撞、挤压较容易导致骨折。骨折后，骨断裂，有强烈疼痛感，伤部骨骼扭曲，有开放性伤口且严重者可见骨骼。

运动者在发生骨折时可以采取以下处理方法。

（1）不要随意移动受伤肢体，固定伤肢。

（2）出现休克现象时，先对其进行人工呼吸。

（3）伤口出血不止，应及时采取止血措施，并送医治疗。

在发生骨折后，应尽量保持患者伤部固定不动，可采取以下几种包扎固定的方法。

（1）锁骨骨折包扎固定，可采用横 8 字形绷带法、双圈固定法、胶布条固定法。

（2）尺桡骨干骨折，复位后，应用夹板固定，或石膏固定。

（3）肋骨骨折，可用胶布固定法，如患者对胶带过敏，可用宽绷带固定。

（4）小腿骨折，骨折位置不同，注意包扎固定方法与位置的差异。

第三节　质量保障

促进高校体育教学训练水平的提升，必须要加强教学质量方面的保障，构建一个健全和完善的质量保障体系和质量监控体系，这样才能保证高校体育教学训练活动顺利开展。

一、建立教学质量保障体系

我们在建立高校教学质量保障体系时，一定要注意以下三个方面的要求。

（1）要明白质量保障体系内的基本内容和结构。其内容主要包括输入质量保障、过程质量保障、输出质量保障、系统效率保障。输入质量主要包括教育目的、质量文化、生源、师资等方面。过程质量包括课程建设、教学方法、师生关系等方面。输出质量包括社会输出质量、学生学习质量两个方面。系统效率主要包括师生比、生均培养费用、时间效率、综合效率等方面。

（2）各高校必须根据社会需求、自身定位和教育本身发展规律，采取有效措施。

（3）根据本校的具体实际制订一个适合自身特征的教育质量保障机制，在此机制下，高校体育教学训练活动才能顺利进行。

高校内部质量保障体系结构如图5-1所示。[①]

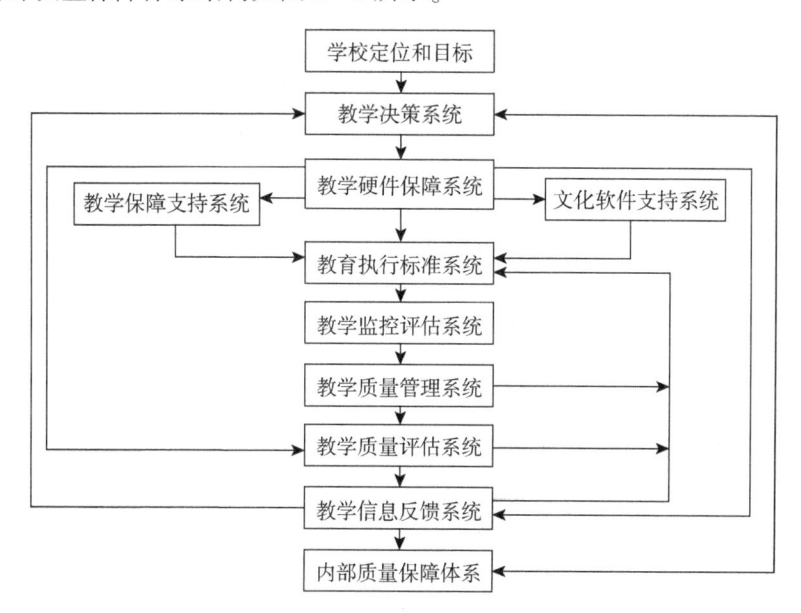

图 5-1　高校内部质量保障体系结构图

我们主要根据质量保障体系的特点，对质量保障体系的基本模型做出一个简单的设计，并对其各个系统进行简要的分析。

依据高校教学质量保障体系的功能及各构成要素可以确定质量保障体系的结构框架，这一框架如图5-2所示。

可以说，教学质量保障支持系统是整个系统的中心环节，它与其他环节之间的联系非常紧密，相互作用、共同影响，从而推动着教学质量的发展。教育质量信息检测反馈系统作为整个系统过程中的最终处理环节，不仅反馈整个教育质量保障系统，同时对地域教学质量的决策实施系统还具有重要的作用。

---

① 梁育科，苟灵生等. 高等院校内部教学质量保障体系研究与实践［M］. 西安：西安交通大学出版社，2016.

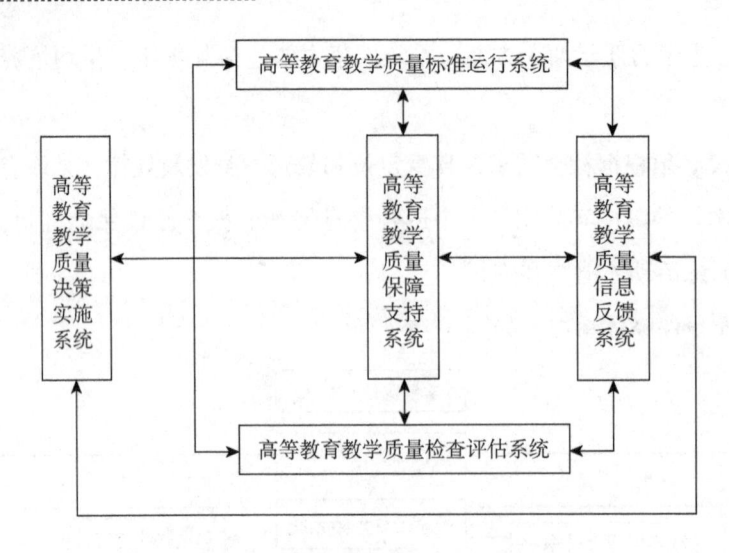

图 5-2　高校质量保障体系结构框架

二、建立教学质量监控体系

(一) 教学质量监控目标体系

建立教学质量监控目标体系的主要目的是通过人才培养全过程的质量监控，促进人才培养目标的科学设计和人才培养目标的实现。具体而言，主要体现在以下三个方面。

(1) 人才培养目标系统——主要监控点为人才培养目标定位、人才培养方案等。

(2) 人才培养过程系统——主要监控点为教学大纲的实施、师资的配备、课堂教学质量、教学内容和手段的改革、考核内容和方式的改革等。

(3) 人才培养质量系统——主要监控点为课程合格率、优秀率、各项竞赛获奖率、创新能力等。

(二) 教学质量监控组织体系

在学校教育中，教学质量监控组织体系主要由教务处、教研组及教师构成三级监控组织，根据管理的职能，在不同层面上实施质量监控及协同监管。主要分为两大方面。

一方面，高校教学质量监控主要以教学过程自我监控为主。在校长的领导下，充分发挥高校教学工作领导小组的作用，负责本校的具体工作，如对教师的监督、对学生学习的监督等。

另一方面，教研室的教学质量监控以教学环节的日常监控为主。由教研室主任负责组织本教研室的听课、试卷命题、阅卷、试卷质量分析、毕业论文质量分析等工作，并通过校、系、教研室组织的各类检查评估（教案、作业布置与批改、教学进度计划、学生评教、教师评学、教研活动的开展等），严把各个教学环节的质量。

总体来看，当前我国高等教育教学质量还存在一定的缺陷，缺乏对整个学校教学质量全面性的监控工作，更缺少相关的专门职能管理部门，以及相关规章制度。所以在建立高校内部质量保障体系的同时，一定要建立一个科学的教学质量保障组织系统。

（三）教学质量监控的方法体系

在学校教育质量监控中，要采用合适的监控方法，这样才能确保监控的有效性和合理性，通过长期的实践总结，科学的监控方法应该是以评估检查为重点，教学信息监控为辅助，针对教学全过程实施监控。

教学质量的监控主要包括教学信息监控、教学督导监控和调整控制方法等三个方面，其基本的操作方法如下所述。

（1）教学信息监控。通过日常的教学秩序检查，初期、期中和期末教学检查，教学信息反馈和学生学习信息反馈等常规教学信息收集渠道，及时了解和掌握教学中的动态问题。

（2）教学督导监控。对所有教学活动、教学环节、教学管理制度、教学改革方案等进行经常性的随机督导和反馈。

（3）调整控制方法。根据信息收集、信息处理进行及时调控。

（四）教学质量监控的制度体系

在学校教育中，教学质量监控的制度体系主要是指以建立健全规章制度为先导，严格执行为保障，全面监控教学质量。

（1）建立科学、合理的教学研究制度。

（2）建立合理的听评课制度。行政领导、教学管理人员、教研组长及同行结成小组听评系统。

（3）建立一个良好的学生评教制度。每学期通过问卷调查的形式，由学生作为课程教学评估的主体，对教师的教学质量进行评估。

（4）结合学校实际制定合理的教学常规制度。其中主要涉及教学计划、备课、上课、辅导、考试等环节的内容。

（五）信息反馈调控体系

在学校教育中，我们要以日常教学检查与专项评估为契机，以教学督导、学生教学信息员及用人单位为依托，加大反馈和调控力度，不断改进教学工作，促进教育教学质量的发展和提高。

一般来说，在构建信息反馈调控体系的过程中，我们需要重视以下几个方面的问题。

（1）常规教学检查反馈调控。对问题开展总结研究，及时查找和纠正教学工作中存在的问题，推动教学工作的持续改进。

（2）学生教学信息反馈调控。以学生教学信息中心为载体，及时收集、整理学生的意见和建议，坚持执行学生教学信息员制度，并反馈至个人，促进教学改革的深化和教学质量的提高。

（3）教师课程教学质量评价反馈调控。科学设计评价方案，进一步加强教师课程教学质量评价结果的应用，充分发挥其正面引导作用，促进教师改进教学方法和手段，提高教学水平。

（4）专项评估反馈调控。充分发挥各类专项评估的导向作用，坚持"以评促改、以评促建、以评促管、评建结合、重在建设"的方针，进一步加大督促整改的力度，切实规范教学管理，提高教学质量。

（5）人才培养质量反馈调控。及时调整人才培养方案，了解用人单位对毕业生的看法及社会对高校人才培养的意见和建议，使高校各专业人才培养方案与社会需求保持动态的适应性。

第六章 高校体育拓展训练教学模式创新研究

第一节 拓展训练理念下高校体育教学模式的发展与创新

一、当前高校体育教学模式存在的不足

(一) 体育教学模式的功能单一

我国高校体育教学模式通过学习西方成功经验,经历了多次的变革,高校体育教学仍以传授体育基本知识和动作技能为主要目标,在体育教学中,大学生的体育能力和个性发展方面未受到充分重视。大家片面地将学习知识和发展能力等同起来,多数人认为掌握知识就会具备能力。不可否认,一个人掌握知识有利于认知的发展,但是单纯的知识教学对学生情感意志和社会品格的培养无能为力,对学生心理健康水平的提高起到的作用更是微不足道。目前,我国现行的体育教学模式对学生个性发展和培养方面存在着很大的不足。

(二) 现行体育教学模式特征区分度不高

我国现行高校体育教学模式中,教学目标缺乏针对性,目标定位较高,不易达到。几乎所有的教学模式功能都很相似,呈现出教学模式虽有多种,但是特征区分度不高的状态。教

学模式与教学目标指向性不明确，主要因为体育理论和体育实践两部分从业人员对教学模式、教学目标的分析和理解层面不一致。不同的教学模式产生了近乎同一个教学目标，该教学目标定位囊括了知识、技能的掌握和情感、行为、个性等诸多方面的发展。

（三）当前高校体育教学模式重视理论性，忽视了操作性

高校体育教学模式的发展在理论上是进步的，人们在理论构建层面已经在讨论制定培养体育能力和发展学生个性兼顾的全新模式，理论上似乎是完善的。但是，体育教师在操作的过程中有一定的随意性，过程的控制和目标实现程度无法评估。人们一直尝试研究教学模式的创新，但是理论的构想和设计在实践中实施是很困难的，这就形成了目前我国高校体育教学模式改革的一大难题，即教学模式的创新重视理论性，忽视了操作性。

二、目前拓展训练的主要观点

（一）自由主义的价值观

拓展训练以体验式教学为特征，立足于个人的发展，重视个人的心理、认知、社会交往和意志等方面的培养，功效显著，契合了我国"以人为本"的教育理念。在拓展训练活动中，强调开发自身潜力，克服心理惰性、磨炼意志，重视个人创造力的培养和团队意识的提高，有利于发展社会适应能力。拓展训练尊崇自由，鼓励人与自然的和谐发展，体现了古典自由主义，值得我国高校体育教学模式发展和创新借鉴。

（二）知识的建构主义理论

拓展训练摆脱了参与者自身工作性质和追逐功利性的弊端，着重开发和培养参与者的社会协作意识、激发个人潜能。拓展训练弱化了参与者自身工作中的常用技能，突破工作中的常规思维模式，使参与者获得与工作熟练程度无关的个人能力和创新的思维方式。通过让参与者体验解决问题的过程，激发参与者运用已有的知识建构解决问题的程序，极大地促进了参与者将理论知识运用于实践，能够使他们重新认识知识的概念。

三、拓展训练理念对高校教学模式的启示

（一）吸收西方政治学说中的合理成分，形成有中国特色的价值观

"以人为本"的教育理念、"以人为本"可持续性发展的科学发展观，是人们经过几

十年的探索找到的符合自身发展的核心理念，并得到了实践的证明。我国的高等教育发展吸收了西方教育学说中的合理成分，并且结合自身特点形成了具有中国特色的价值观。社会的发展和进步是为了人的发展，人的发展又促进了社会的发展，教育的发展是为了人，总的来说，教育的发展是促进社会发展的要素。我国教育需要放开眼界，汲取西方教育智慧，不是照搬，而是结合民族传统文化，形成更加适合自身发展的教育观，这也是我国高校体育教学模式改革发展的创新之路。

（二）在知识建构主义理论基础上扩展教学目标

经过多年的探索，我国高校体育教学模式的发展变化较大，但教学目标的定位却始终追求功能全面，教学模式的变化与教学目标的针对性不够清晰，最终造成了改革后的教学模式和旧的教学模式在目标上没有产生相应的变化，这与教学模式设计之初的设想相去甚远。拓展训练需要知识建构主义理论的指导，将体育教学模式设计得更有特征，能准确地对应教学目标，建构新的、具有可操作性的程序。充分运用知识建构主义理论指导体育教学模式设计，有助于解决拓展体育教学目标的问题。

（三）教学程序的变革

1. 教学组织形式的变革

高校体育教学模式是吸收拓展训练的理念，采用打破传统的班级制教学的方式，将不同年龄、不同专业、不同生活经历的学生组合在一起的小班制体育教学。让学生以团队的形式开展同一门课程的学习，充分考虑学生个性的发展，允许学生制订自己的学习计划，获得各自的体验成果。体育教学活动最终的目的是培养学生的认知能力、协作精神、意志力等个人能力，为其他课程的班级制学习奠定基础。

2. 教学策略的变革

在高校体育教学中，学生是学习的主体，教师不再过多地进行方法性指导，不强调标准答案式学习，不过多地干预学生探索的过程，体育课堂中充分体现师生平等。大学体育教师只是体育课的组织者、融洽气氛的创造者，他们鼓励学生获得自己的情感体验和问题解决方式。

（四）教师地位和作用的重新认识

"师者，所以传道受业解惑也。"这是我国传统教育中对教师的描述，现代社会中，科学技术的发展、革新速度加快，对教师的这一定位已经无法完全适用于现代大学课程的教学。人们需要重新认识和定位高校体育教师，将课堂还给学生，体育教师是体育学习活动的组织者，不是学生学习活动、情感体验的控制者。在教学过程中，教师只需要做好学生学习活动中情感体验的倾听者和学生解决问题过程中克服困难的指导者即可。

（五）教学条件的扩展

传统的教学模式不能全盘否定，拓展训练活动与体育教学并不是完全一致的，教学目标的不同，注定两者有一定的区别。两者相结合才能更准确地完成教学目标，拓展训练完成的不是知识、技术的传授，而是认知、协作、意志力的能力塑造，大学体育教学需要有明确的教学目标，其中包含最基本的知识、技能的学习。大学体育教学模式可以创新为更加丰富的教学环境，将校内环境和自然环境结合起来，为体育教学创造更加有趣的场景；课程教学紧密结合生活，运用体育知识和技能解决生活中的问题，让学生切身体会到体育学习的作用，通过体育学习条件的变化进行教学模式的创新。

（六）教学评价手段的变化

在拓展训练理念下，人们重新认识了学生、教师的地位，传统的教学目标为导向的评价体系将不再适用于高校的体育教学模式发展，需要重新认识教学评价体系。

1. 由横向评价向纵向评价发展

在拓展训练理念下，学生之间的横向比较是无意义的，在高校大学体育教学模式的改革中需要建立纵向的评价体系。通过大学体育教学活动，学生的认知、情感体验是不同的。学生通过体育学习提升自身的能力是教育目的，根据学生学习前和学习后自身的变化进行对比评价更符合人本主义。

2. 由外在评价向自我评价发展

拓展训练理念下，教师不是学生学习评价的唯一，教师通过观察、技术水平等进行评价容易受主观影响，不客观的评价对学生的创造力是一种束缚，被贴上"学困生"标签的学生容易丧失自信心。

3. 由单一评价向综合评价发展

在拓展训练理念下，伴随全新的高校体育教学评价体系要由单一评价向综合评价发展，新的评价体系要从重视学习结果评价向重视学习过程转移，如学习态度、心理成长、社会适应能力都是新的评价体系的重要指标。

第二节　高校开展体育拓展训练的教学目标与内容

我国早期的拓展培训是从企业培训发展起来的,是企业培训中经常采用的一种培训形式和手段。企业培训是指企业或针对企业开展的提高人员素质、能力、工作绩效和对组织的贡献而实施的有计划的、系统的培养和训练活动。高校体育拓展训练的目标与内容和企业培训有所不同。

一、高校体育拓展训练目标与企业拓展训练目标对比

企业培训的目标在于使员工的知识、技能、工作方法、工作态度及工作的价值观得到改善和提高,从而发挥出最大的潜力,提高个人和组织的业绩,推动组织和个人不断进步,实现组织和个人双重发展。目前,高校的拓展训练课程源自早期的企业拓展培训。在进入高校体育课程体系后,拓展训练融入了学校体育的内容和模式,以适应学校教学环境和教学目的的要求。因此,企业拓展培训是学校拓展训练的前身。

企业拓展训练对参与者身体素质、运动技能和运动参与等方面的提高并未做出严格的要求和规定,而是将团队文化及管理素质（计划、协调、组织、沟通、反馈）的提升放在首要地位。促进人的全面发展成为实现企业发展目的的手段或者过程。学校拓展课程的授课对象是在校学生,其课程目的是提高学生的身心健康水平、帮助学生掌握运动技能、提高运动兴趣和运动参与能力、加强学生的社会适应能力。

二、学校拓展课程的课程功能和价值

在具体探讨高校拓展训练课程的目标和任务之前,首先要明确高校拓展课程的功能和价值。只有了解拓展训练的功能及价值,才能为拓展课程教学目标的设定及教学内容的选择提供依据。

《全国普通高等学校体育课程教学指导纲要》指出:"体育课是一门以身体练习为主要手段、以增进学生健康为主要目的的必修课程,是学校课程体系的重要组成部分,是实

施素质教育和培养德智体美劳全面发展人才不可缺少的重要途径。"其课程理念主要包括以下几个方面。

(1) 坚持健康第一的指导思想，促进学生健康成长。

(2) 激发运动兴趣，培养学生终身体育的意识。

(3) 以学生发展为中心，重视学生的主体地位。

(4) 关注个体差异与不同需求，确保每一个学生受益。

(5) 重视学生社会适应能力和职业素养的培养。

拓展训练课程是融合了教育学、心理学、体育科学（学校体育、运动人体科学、体育游戏、运动保健）、管理学（组织行为学）、户外运动等不同学科、不同领域知识的综合性课程。因此，从广义的角度讲，拓展课程除了具备体育课程的特点，还具备其他相关学科及课程的部分属性或功能。

拓展课程在不同的领域所扮演的角色不同，其功能和属性在不同领域存在一定的价值取向的差异。在企业培训领域，拓展课程可以强化企业员工的管理能力和团队合作意识，提高员工的工作效率。这时，人们选择的主要是拓展课程的职业教育培训功能和管理培训功能。在旅游休闲领域，拓展课程具有较强的娱乐性。因此，人们主要选择了拓展课程的休闲娱乐功能。在学校体育课程领域，拓展课程的体验式学习的理念和游戏等形式可以实现促进学生身心健康及提高学生综合素质的多重目的。这时，人们选择的是拓展课程的知识传授和健康教育等功能。有些体育院系为学校体育专业开设的拓展专修课程肩负着拓展师资培养的任务，在这个领域，拓展课程体现的是职业教育功能。

体育是教育的有机组成部分，学校拓展课程既然隶属于体育课程的体系，那么它在这个领域的本质功能或核心功能就应该是其强大的教育功能，主要包括健康教育、技能培养和社会适应教育。健康教育功能主要体现在心理健康教育和身体健康教育两个部分。拓展课程心理健康教育功能主要体现在对学生情感态度等方面的培养上，如自我效能感及自尊、自信心的提升、运动参与及运动兴趣的培养等。身体健康教育的功能主要体现在通过身体活动提升身体各器官的功能和各项身体素质。拓展训练课程的技能培养功能主要是指与拓展课程相关的动作技能、智慧技能等方面能力的培养功能，如户外装备的使用、攀岩、拓展专项运动技能的培养，以及传授科学的体育锻炼方法和体育保健知识等。拓展课程的社会适应教育功能主要是指拓展课程具有的提高学生社会适应能力的功能。主要是通过模拟真实的生活或职业状态下的各种情境实现的。通过情景模拟，学生将真切地感受到沟通、做计划、时间管理等方面能力对其人生及职业发展的重要性，并在现实生活中逐渐改变自身的行为，积极培养各种良好的生活、工作和学习习惯，主动承担责任、与人建立信任关系并进行合作，主动参与不同学科知识和技能的学习。

厘清了拓展训练课程的功能，再对拓展课程的价值进行探讨就变得相对简单了。结合拓展训练课程的功能，拓展课程的价值可以归结为以下几个方面：促进学生身心健康发展、提高学生社会适应能力、传授运动技能和培养运动兴趣。

三、高校体育拓展训练课程的教学目标分析

教育目的是学校一切教育、教学活动的出发点和归宿，它指导和制约着学校的一切教育、教学活动。教育的总目的是国家为整个学校系统制定的，对各种形式的教育和教学活动都有指导和制约作用。在教育总目的的指导下，各级各类教育又需确定更为具体的教学目标。教学目标是师生通过教学活动预期达到的结果或标准，是对学习者通过教学以后能做什么的一种明确的、具体的表述。教学目标在教学活动中具有规范作用、导向作用和激励作用。缺少目标或目标不明确的教学活动必然导致教学效率低下。因此，科学地制定教学目标对开展教学活动、完成教学任务是至关重要的。

教学目标可以有不同的涵盖范围，有针对一节课或一个单元的教学目标，有针对一门课程的教学目标（又称课程目标），也有针对某一个教学阶段的或整个教育的教学目标，这时应更准确地称其为教育目标或教育目的。针对课程教学单元的教学目标，教师通常可以根据课程标准和自己的经验及学生的实际水平自行制定；针对整个课程或学段的教学目标通常由教育专家制定；教育目标或教育目的主要由国家和政党制定。下面要介绍的教学目标主要是指拓展训练课程的宏观教学目标，不包括单元目标和微观的课次目标。

（一）需要明确的几个问题

想要了解高校体育拓展训练课程的教学目标，首先要明确以下几个问题。

（1）教学目标规定的主体是学生而不是教师，是经过教学后学生表现出的行为，而不是教师的行为。

（2）教学目标是学习的结果而不是学习的过程。教学目标要规定，经过教师的教学和学生学习的一系列过程以后，最终要求学生达到什么标准，或能够做些什么，而如何达到这一结果的过程不属于教学目标。

(3) 教学目标是学习结果而不是发展结果。发展是主体经过后天经验或学习引起的变化及自然成熟所引起的变化。例如，人体的生长和发育。因此，人们所说的教学目标指的是后天学习的结果，而不是自然成熟的结果。

(4) 教学目标是预期的而不是现实的学习结果。也就是说，学生在教学之前并不具备这种学习结果，或者说不能表现出学习结果规定的行为，但这一结果是目标的制定者认为学生经过一定的努力，以及经过一定的学习过程在未来可以达到的。

（二）拓展课程教学目标的构成

拓展训练课程作为新型的体育课程，在教学目标的制定方面体现了多元化的发展趋势。不仅要关心学生的体育学习成绩，而且要发挥和发展学生各方面的潜能，了解学生身心发展的需求，帮助学生认识自我，建立自信。如何科学合理地制订拓展训练课程的教学目标，使目标成为促进学生更好地进行体育学习和积极参与体育活动的有效手段，这是拓展课程有待解决的问题。目前，我国高校拓展课程尚未形成自身完整的教学目标体系。根据拓展课程的功能以及《全国普通高等院校体育课程教学指导纲要》中厘定的教学目标的维度，可以将拓展课程的教学目标体系分为社会适应、心理健康、运动参与、身体健康、运动技能等维度，进一步确立各维度的领域目标和发展目标。

不同院校在制定教学目标的过程中，教学目标的权重或比例可以根据学校自身的情况灵活掌握，但是教学目标的维度一定要全面，即运动技能、运动参与、社会适应、身体健康和心理健康这五个领域的目标都要涉及。在教学目标的制定文件中，一定要对各领域的目标进行清晰的表述。另外，教学目标的制定要与所选择的教学内容相匹配。教学目标的制定要以终身体育为最终目标，不能只局限于课程本身。在拓展课程中还要教会学生基本的身体锻炼方法和保健知识，而不能只局限于拓展课程专项理论和技能的教学。

（三）拓展课程教学目标制定的建议

1. 根据拓展课程的功能设立目标

拓展课程作为一门综合性较强的课程，具有多学科的属性和功能。但是，作为体育课程体系中的一门新型课程，应突出其在健康教育、社会适应及运动技能培养等方面的功能和价值。

2. 根据体育教学目标搭载文件设立目标

在制定教学目标时，要细致研究教学文件中对教学目标范围和指向等方面的规定。各层次的教学目标要与相应的文件相匹配。

3. 根据本校学生的专业特点设立目标

拓展课程教学目标的制定还要充分考虑不同学校学生的特点。例如，体育院校的学生在身体素质及运动技能等方面的基础较好，文科院校的学生在语言表达、形象思维、艺术想象力等方面具有较强的能力，而理工科院校的学生具有较强的逻辑思维能力。在制定教学目标时，根据这些特点提升与之有关的教学目标的难度和要求，以免教学目标定得过低，不能充分发挥学生的潜力。

4. 拓展课程目标的制定要充分考虑体育课程的特点

由于早期的拓展课程是以企业管理培训的形式出现的。在引入体育健康课程体系后曾一度受到原有企业拓展培训课程体系的影响，在教学目标制定的过程中出现了过分强调心理学及管理学等理论知识的教学，而忽视身体活动及运动兴趣培养等方面教学的现象。导致拓展课程的教学内容中与身体活动有关的内容偏少，在促进学生身体健康方面的效果不理想。因此，在制定拓展教学目标的过程中，要充分考虑拓展课程作为体育课程应具有的特点，将发展学生身体素质、促进身体健康作为主要教学目标之一。

5. 在陈述教学目标时要做到清晰、具体

目前，有些院校在拓展课程教学目标的陈述上过于简单和模糊。因此，在教学目标的陈述上应做到以下几点。

（1）教学目标要陈述经过教学后学生能够做什么，而不要陈述教师需要做什么。

（2）尽量用具体、可观察的术语陈述学生的行为。

（3）每一个教学目标涵盖的学习内容不要过于狭窄，要有一定的覆盖面。

（4）一般不要将教学目标陈述成学生的学习活动或过程。

（5）与陈述性知识相关的目标，尽量不要在目标中陈述学习的内容。

四、高校体育拓展训练课程的教学内容分析

体育教学内容是依据体育教学的目标选择出来、根据学生发展需要和教学条件进行加工的、在体育教学环境下传授给学生的体育知识原理及运动技术和比赛方法等。体育教学内容与体育教材的意思基本相同。在拓展课程的教学中，与体育和运动有关的知识、技能、基本原理和方法及相关学科的知识和技能都属于体育教学内容的一部分。

从广义的角度说，拓展课程教学内容涉及的范围很广，包含了与教学有关的各方面信息。从狭义的角度讲，拓展课程的教学内容是以其独特的、经过整合后的知识体系呈现在教师和学生面前的。在学校拓展课程中依然延续企业拓展培训领域中约定俗成的叫法，即"拓展项目"。拓展项目是拓展教学内容和信息的主要载体。本文仅对狭义上的教学内容，也就是"拓展项目"进行讨论。

（一）拓展课程教学内容的分类

拓展项目是拓展教学的主要内容，也是知识和技能的主要载体。在教学过程开始之前，需要对不同项目的特点和属性进行区分，也就是对拓展项目进行分类。通过分类可以了解不同项目之间的区别和联系，有助于对同一类项目中共有的规律进行总结，弥补理论与教学实践之间的空白；项目的分类有助于项目创新及同类项目之间操作技巧和理念的借鉴和移植；项目的分类还有利于深入了解拓展项目的功能和价值。项目的分类可以为不同院校教学内容的选择和甄别提供参考，避免重复和遗漏。

目前，众多学者试图从不同的角度对拓展训练的项目进行分类。但是，由于拓展项目具有多学科融合的特点，因此无论哪种分类，都难免存在争议。在众多的研究中，北京大学钱永健老师的分类相对较为系统，也是目前业内人士认同率较高的一种分类方式。钱永健按照传统的户外冒险教育的活动层次划分惯例，借鉴户外游戏专家盖瑞·凯朗特的分类方式，结合学校拓展训练在校园内模拟野外情境开展的特点，对活动项目进行评估，并从应用的角度将其划分为五个层次，即拓展训练理论课程、风险相对较低的个人挑战项目、风险相对较低的团队挑战项目、风险相对较高的个人挑战项目、风险相对较高的团队挑战项目。

学校拓展课程是为了实现体育教学目标而开展的全新的课程，融合了众多学科的知识，具有多学科的属性。多学科的属性为人们提供了众多可供选择的拓展项目分类标准。例如，按活动地点可分为野外、场地和室内项目；按活动形式可分为高山、陆地、水上项目；按空间高度可分为高空、中空、低空和地面项目；按参与人数可分为个人、双人、多人项目，多人项目有时也叫集体项目或团队项目；按风险程度可分为高风险、低风险和无风险项目；按锻炼价值可分为体能类、心智类、技能类、知识类；按教学目标的主导因素可分为运动技能、运动参与、身体健康、心理健康及社会适应；此外，还可按项目的平均难度、体能消耗、完成时间、竞技程度等划分为不同的类别。

拓展教学活动以拓展课程的教学目标作为出发点和归宿，同领域的教学目标体现了拓展课程的价值和功能。教学目标制定的科学性和合理性是影响课程内容选择和课程实施的重要因素。因此，将教学目标作为主导因素对拓展项目进行分类有助于加强教学理论与实践的联系，并为课程实施和教学内容的选择提供依据。

(二) 拓展项目的难度评估

教育过程从来就是一个充满各种学习难度的过程。教育一直被人类社会存在的两个永恒矛盾所困扰，一是人们需要学习的东西是无限的，而时间和精力却是有限的；二是人的潜能是相对无限的，而人的发展条件是相对有限的。教育的实践和理论告诉人们，课程的实质问题是课程难度。对学校教育过程来说，难度可以保证教育过程的效率，激发学生的智慧潜力，培养学生坚强的意志。

拓展项目作为拓展课程教学内容的主要呈现形式和知识的载体，在拓展课程中扮演着极为重要的角色，对于实现教学目标起着关键性的作用。同时，拓展项目的难度大小是衡量教学目标价值的主要因素。对拓展项目难度的探讨可以为教学内容的选择提供依据，并为教师把握教学过程提供参考。拓展项目的难度与项目本身的设计有关，拓展项目的设计中涉及心理因素、场地器材因素、风险因素、身体活动因素、时间因素及情景模拟等方面的众多因素。因此，在对拓展项目的难度进行评估时，要综合考虑以上相关因素所占的比例。

拓展项目难度的决定因素可以划分为9个维度。主要包括：心理压力、野外场地、身体风险、体能消耗、器具使用、时间危机、情境特征、理念价值、团队协作。对每个维度进行难度打分，可以采用五级划分的方法。根据难度由低到高的顺序进行打分（1～5分），分值越高就代表在这个维度上的难度表现越大。不同院校在对拓展项目的难度进行评估时可以参考以上维度，结合拓展课程专家针对每个维度指标的评分结果对项目的难度进行综合评价。在评价结束后计算出每个项目的平均难度作为教学内容选择的参考依据。

由于每个拓展项目的难度都会受到操作程序、规则的变化及场地器材等方面的影响，因此不同的院校在开展课程或选择课程内容时，可以根据本校的具体情况进行调查，从而对难度指标的权重重新进行分配。难度分析可以提高开展校本拓展课程时教学内容选择的科学性。虽然在不同条件下对同一个项目的难度分析结果并不相同，但是，只要在同一所学校的同等条件下，上课难度的评价体系就是相对固定的，这样就可以结合项目的层次、性质、形式等将项目进行归类，合理地进行项目的设置与替换，更加系统地开展拓展训练课程的教学。

（三）学校拓展训练课程教学内容的选择

教学内容作为教学信息的主要载体，在教学过程中扮演着十分重要的角色。教学内容服务于教学目标，合理地选择教学内容有助于教学目标的实现。拓展课程教学内容的选择应从教学目标、场地器材等教学资源配置，以及学生的身心发展水平和专业特点等几个方面进行考虑。

1. 根据教学目标选择教学内容

在整个教学过程中，教学目标起着龙头的作用，这个龙头作用不仅体现在对教学方法的选择、教学结果的测量和评价上，也体现在对教学内容的选择上。不同的教学目标要求选择不同的教学内容。例如，在实现情感态度领域的教学目标时，学习最有效的途径可能是对榜样的观察与模仿，因而教学内容的选择就转变为对榜样的选择。而在实现运动技能领域的目标时，需要选择相应的运动技能作为教学内容。因此，在根据教学目标选择教学内容时要遵循下列原则：运动形式活泼，能激发学习兴趣；具有健身性、知识性和科学性；对增强体能、增进健康有较强的实效性。

2. 根据场地器材等教学资源配置情况选择教学内容

场地器材是制约拓展课程教学内容选择的一个主要因素。根据场地的不同情况，拓展教学内容的选择分为：校园内场地为主的拓展课程的教学内容的选择；校内拓展专用场地与野外场地结合的拓展课程的教学内容的选择；校内无专用场地的拓展课程的教学内容的选择等三种不同的模式。

（1）校园内场地为主的拓展课程模式是在校园里模拟各种情境，对学生进行教学拓展，基地建设在校园内部，可以设计一套适合本校学生特点的课程体系，并按照教学与科研相结合的形式开设拓展训练课程。拥有拓展专用场地的学校可以开设高空器械项目，在教学内容的选择上余地较大。这类学校在选择教学内容时可以将不同形式的教学内容（高空、地面、室内）穿插使用，有利于实现多维度的教学目标。

（2）校内拓展专用场地与野外场地相结合的拓展课程有校内场地与野外营地两类拓展基地。这类院校一般在校内建有多组训练设施，项目种类繁多，不仅可以满足学生上课所需，也可以满足大型的拓展培训活动所需。例如，林业、地质、水利等院校的许多学科和专业需要在野外进行作业，在与野外作业相关的课程上师资雄厚、经验丰富。拓展课程作为以户外体验式学习为主要模式的课程，能够成为此类院校的特色课程。在此类院校中，现已有多家院校引入了拓展课程，并建设了项目齐全的拓展训练设施。这类院校课程内容选择的空间更大，校内基地与野外基地并存，更加贴近于拓展的户外体验教育的源头。

（3）校内无专用场地的拓展课程教学模式主要适用于未建设拓展高空专用场地的学校。在没有专用高空场地及设施的情况下，可以以地面游戏和低空项目作为拓展课程的主要教学内容。这种课程模式与常规的拓展培训活动有一定区别，它受国内香港地区的团队心理辅导课程模式的影响较大，主要采取以团队游戏为主的方式对个人与团队进行体验式教育。这种活动具有较明显的体育课的特点，教学内容的选择不受场地器材的限制，即使遇到极端天气，也可以作为风雨教材进行教学。在校园的体育场或合适的开阔平整的场地上都可以进行活动，尤其是一些体育场馆，更是开设此类课程的理想场所。在此类课程教学中，教师在教学组织上可以沿用传统的体育教学的方式，在活动监控方面的难度相对较低，利于掌控运动量和教学进程。此模式适合于准备开设拓展课程，但对拓展训练了解不多，尤其是缺乏中高空项目的安全保护经验的学校。通过开设无专用场地的拓展课程积累经验，可以为逐步引入高空课程打好基础。

此类院校在进行教学内容选择时，为了适应学生的身心特征，提高学生的学习兴趣，可以对一些竞技运动项目进行适当的改造，如改进规则、调整难度等。同时，也可以根据实际情况，在课堂教学中引入学生喜爱的新兴运动项目。在少数民族地区或其他有条件的地区，还可以挑选、整理民间体育活动项目引入拓展课程教学，以加深学生对民族传统文化的了解并增强自豪感。

3. 根据学生的身心发展水平和专业特点选择教学内容

在对高等院校开展的拓展课程教学内容进行选择时，面对不同层次学生开展的拓展课程要考虑该层次学生的身心发展特点和总体知识的水平。本科阶段的课程以体验和身体活动为主，研究生阶段的课程更倾向于选择心智类项目，以加强理论知识的比例和分享回顾环节的理论深度。

拓展课程教学内容的选择还要根据授课对象的专业特点进行。例如，医学院校可以结合拓展学习的精髓进行课程内容的选择，在拓展课中加入类似"医疗程序模拟""急救演练"等方面的教学内容。商学院在选择和设计拓展项目时，以管理知识比例较多的项目作为主要内容，如"孤岛求生"和"求生电网"等项目，这类项目能够更好地结合其专业知识，激发学生的潜能。财经学院在安排课程时应多选择类似"信任背摔"这样的项目，有利于培养诚信习惯和意识，而不宜采用类似于"雷阵图"这类突破思维定式和培养"投机思想"的教学内容。理工院校可以将培养学生动手能力作为重点，选择类似"荆棘取水""钻木取火"等项目。每一所学校都有自己的特点，为学校学生的专业方向提供帮助是拓展训练的目标之一。

第三节　高校体育拓展训练课程教学模式研究

在我国，以企业培训课程模式兴起的早期拓展训练课程，无论是教学模式还是教学原则及教学方法，都是根据企业培训的需要进行设计和选择的。在进入高等院校体育课程体系后，既要在一定程度上保留其原有的特点，又要结合体育教学的要求加以改良，使其符合体育教学的特点，适应体育教学的要求和需要。例如，在教学模式上应尽量保留拓展训练原有的体验式教学模式，并辅助使用心理学视角下的动机、态度等教学模式。在教学原则和教学方法的选择上，应突出体育教学的特点，遵循体育教学的基本原则和方法。

一、拓展训练课程的教学模式

体育教学模式蕴含特定的教学思想，针对特定的教学目标，在特定教学环境下实现其特定功能的有效教学活动与框架，是以简洁形式表达的体育教学思想理论和教学组织策略，是联系体育理论与体育教学实践的纽带。

（一）拓展训练课程教学模式辨析

目前，拓展行业的专家及学者普遍认同的观点是：拓展训练课程在教学思想和教学程序上都隶属于体验式教学模式的范畴。此模式高度强调一切学习以注意为起点、通过自身对活动的体验进行总结和反思、将反思的结果与同伴共享，在此基础上将学习的知识进一步内化成为对个人成长有用的经验，最后通过其他的实践活动验证已获得的经验，并利用经验进入另一次学习循环。整个学习是一个动态的循环过程，通过不断地体验、观察和总结实现知识的内化。

体验式学习模式是以学生为主体、教师为主导的教学模式的典范，教师在整个教学过程中，主要负责项目的布置和监控。在保证学生严格执行规则的情况下，教师只是作为安全的监控者和旁观者。只有在经验分享部分，教师才会以组织者的身份引导学生对活动进行总结和回顾，通过经验分享的形式实现技能的内化和知识的建构。经验分享这个环节采用的是圆桌会议的模式，即教师和学生围坐在一起，教师引导学生对项目的感受进行分享。大多数情况下是从队长或者项目中的实际领导者开始发言，其他学生依次补充。

在被纳入高等院校体育课程体系中后，拓展训练结合体育教学的特点，逐步形成了其独特的教学程序。在拓展训练项目进行的整个过程中，教师与学生在各个环节始终保持高度的一致性，这是决定拓展课程成功与否的关键因素。教师要根据学生的体验与感悟引导学生进行经验分享，并根据经验分享的效果调整活动的进度。严格把握经验分享的过程可以避免拓展课程流于形式，促使学生真正地从活动中感悟真知。从而为强化内省过程及改变行为提供帮助。

综上所述，拓展训练课程是以体验式教学模式为主的一门新型的体育课程。体验式教学模式强调以学生为中心，先行后知。教师在整个教学过程中既是教学的主导者，又是学习者。特别是在对不同专业、不同层次的学生进行教学的过程中，教师也会遇到许多的知识盲点。在这种情况下，学生有时会与教师进行角色互换，利用自己在知识技能方面的特长，为教师和其他同学解答疑问，扩展知识面。体验式教学模式十分有利于"终身学习"这一教育思想的实现。

在此需要指出的是，体验式教学模式是在体验式教学思想的指导下总结出来的普适性的教学模式，不是拓展训练课程的专利。拓展训练课程是体验式教学模式在教学实践中的典范。其他学科的教学也可以采用这种教学模式，只是需要根据所要实现的教学目标在教学内容的设计上有所区别。

（二）教学目标导向下的拓展课程辅助教学模式

体验式教学模式体现的是拓展训练课程的核心理念和教学思想。由于在拓展训练教学的不同环节所涉及的教学目标和任务不同，因此在不同环节除体验式教学模式外，还应辅助运用其他的教学模式实现这些目标。在拓展课程教学模式的选择上，应以教学目标为导向。拓展训练课程内容的设计及教学目标的制定以学生身心发展的规律为理论依据，从心理学的角度对教学模式的类别进行划分。常用的辅助教学模式可以分为以下几类。

1. 知识教学模式

知识教学模式又称整合教学模式，是一种普适性教学模式。旨在教授有组织的知识体，即融合了事实、概念、原理及其相互关系的论题。此外，该模式还可培养学生的批判性思维。其主要分为以下几个阶段。

（1）呈现有组织的教学内容。要求学生描述、比较、搜索其中蕴含的理念或规律。此环节需要教师事先确定教学内容，并考虑用何种方式呈现给学生。

（2）对类似和差异进行解释。这一阶段一般是在教师向学生提出为什么存在相关差异或类似的问题以后开始的。

（3）针对不同条件提出假设的结果。这一阶段教师向学生提出"如果条件变化，会有什么结果出现"之类的问题，从而引发学生对问题进一步研究和分析。

（4）通过概括形成普遍的联系。这一阶段要求学生针对整个内容进行总结，而后概括出几条一般性的结论。

知识教学模式在拓展教学中主要在热身课（破冰课）、户外知识技能讲座、避险求生知识讲座等理论课程中采用，也可以在经验分享的环节运用此模式进行经验总结和提升。这种教学模式有利于实现运动参与及社会适应的教学目标。

2. 技能教学模式

技能教学模式又称直接教学模式，是一种被广泛使用的技能教学模式，它以教师和学生的课业学习为中心，将教师的讲解和示范与学生的练习和反馈有机地结合在一起。该模式以教师为主导，教师确定课程的教学目标，解释教学内容并向学生示范动作和技能。但学生并不是被动地进行学习，而是积极地参与理解与练习等掌握技能的活动之中。直接教学模式主要由如下三个步骤组成。

（1）定向阶段。主要是为学生学习新的教学内容做准备。教师的工作主要涉及两个方面：一是告知学生的学习目标，二是调动学生的原有知识。可以在课程的前段复习原有知识，对学过的知识和技能进行提问或展示。这两方面的活动并没有严格的顺序要求，但是在执行这两项活动的过程中，需要教师采取相应的措施渗透和激发学习动机，如向学生解释为什么要学习该部分的内容。

（2）呈现阶段。这一阶段需要向学生呈现所要学习的新知识，并确保学生能正确理解新知识。主要方法是讲解、演示、举出多种例子说明、示范等。

（3）练习阶段。这一阶段是直接教学的核心部分，是教师逐步将练习或学习的责任转移给学生的过程，可以大致分为有辅助指导的练习和独立练习两个阶段。

技能教学模式主要适用于涉及技术教学的课程内容，例如，攀岩、绳结、拓展游戏专项技能（信任背摔、挑战等）。拓展课程中所涉及的户外运动知识和技术，特别是攀岩等需要高空保护的这部分内容的选择主要作为介绍课，通过这类课程可以让学生产生特殊情境下的心理体验，并学会高空保护技术及器材的使用。没有专业教师及器材的学校则不用开设这部分内容。技能教学模式可以实现运动参与和运动技能类的教学目标。

3. 问题解决教学模式

问题解决教学模式又称探究教学模式，旨在将科学家经常使用的解决问题、探索未知领域的方法策略传授给学生。探究教学模式主要由以下几个步骤组成。

（1）呈现所要探究的问题，明确探究的程序。教师需要呈现令学生困惑的问题情境，并向学生解释探究的程序。探究的问题必须与学生对现实世界已有的认识相冲突，如一些神秘的、难以预料的、未知的事物都可以作为探究的问题。

（2）搜集资料。学生按照要求就探究的问题向教师提出能用"是"或"否"回答的问题，教师给予回答，然后学生搜集到有关该问题的一些基本资料。资料搜集的方式主要有两种：一是验证，即学生搜集有关他们看到或经历的事件的信息；二是实验，学生引入新的成分到问题情境中（或改变问题情境），观察事件是否随之变化。实验不一定是在假设或理论指导下进行的，但它可以为理论提供思路。这一阶段教师的任务是引导学生进行探究，而不是代替学生探究。如果当教师被问到的问题不能用"是"或"否"来回答时，就需要对学生进行引导：你能重新表述一下问题，以便我能用"是"或"否"来回答吗？以此促使学生搜集资料并将搜集到的资料与问题情境联系起来。在必要时，教师也可以向学生提供一些相对不重要的信息，以引导和推动学生的探究过程。

（3）形成对问题的答案或解释。在搜集资料的基础上，学生将资料加以组织，并形成对探究问题的解释。教师可以要求学生陈述自己的答案或解释，也可以组织学生进行讨论，以获取明确的结论。

（4）分析探究的过程。教师要求学生回顾、分析探究的过程及得出结论的过程。可以引导学生找出最有效的问题，这些问题按什么形式和线索组织起来可以使问题得以解决。这一过程的目的是让探究过程明确化并对其进行系统的改进。随着学生对探究过程的逐渐熟练，教师就可以逐渐放手让学生自主从事探究过程。

问题解决教学模式主要适用于红黑博弈、数字传递、七巧板等提升心智能力的项目。

这种教学模式有利于实现心理健康和社会适应的教学目标。

4. 动机教学模式

1987年，约翰·M.凯勒开发了一个动机教学模式，叫作 ARCS 模式，其中 A 代表注意（attention），R 代表相关性（relevance），C 代表自信心（confidence），S 代表满足（satisfaction）。该模式由两部分组成：第一部分是在许多动机理论基础上提出的综合性的命题和原则；第二部分是动机设计过程，利用各种动机因素分析学生的动机条件，以便得出适宜的动机激发策略。

（1）激发动机的首要条件是吸引学生的注意，并在随后的教学中加以维持。吸引学生最初的注意可运用如下方式：使用情绪性的或个人化的信息，提问或创设心理上的挑战，最佳方式是使用学生感兴趣的例子。

（2）激发动机的另一个必要条件就是所学知识的相关性。虽然教师可以在短期内吸引学生的注意，但当学生将随后的教学视为与其无关的活动时，就难以维持他们的注意。如果教师利用从学习者及情境分析中获得的信息帮助学生理解教学中所教技能的相关性，就能吸引他们的注意。换言之，教学必须与学生生活中的重要目标有关。

（3）激发动机的第三个条件是自信心。要想让学生有很强的学习动机，就必须使他们自信能掌握所要学习的内容。如果他们缺乏自信，动机就不会强。但过分自信也有问题，他们会认为没有必要关注教学内容，因为他们都已经会了。对缺乏自信的学生，要让他们相信他们有获得成功所需的知识的能力；而对于过分自信的学生，要让他们相信，教学中还有一些重要的细节尚需学习。

（4）激发动机的最后一个条件是满意。动机的强弱取决于学生是否能从学习经验中获得满足。让学生满足的方式有很多种，如自由活动的时间、较高的等级、提升职务或其他形式的认可等。同样重要的是，学生通过掌握并成功地使用新技能而能获得内在满足感。

动机教学模式不是独立存在和应用的，而是渗透并结合具体教学目标（如知识、技能、问题解决等）使用的。可以说，这一模式是融合于其他教学模式中的。它与其他模式配合使用可以实现运动参与和心理健康及社会适应的教学目标。

5. 态度教学模式

角色扮演是态度教学模式中较为普遍使用的模式。它比较适合态度与价值观的教学。角色扮演教学模式是让学生在一定的问题情境中扮演一定的角色，探索人际关系等方面的问题并随后进行讨论分析。

这里的角色是指感情、语词与行为的模式化程序，是与他人相联系的独特而习惯化的方式。一个人承担的角色受多种社会因素的长期影响。例如，一个人所接触的人的类型、他人对个人反应的方式，以及个人的感受、个人所处的特定文化氛围等。角色一旦形成，就会影响并决定个人在多种情境中反应的方式。可见，个人体现的角色，集中反映了社会整体性的价值观。

角色扮演教学模式应以学生的原有经验为基础，学习的情境要与现实生活的问题情境尽可能相似。只有这样，学生才可以将在情境中习得的态度与价值观应用到现实生活中。如果学生能明确意识到自己的价值观，并与他人的观点相对照且加以检验，就能更有意识地以价值观为行为导向。

角色扮演教学模式分为以下几个步骤。

（1）动员。教师向学生提出一个需要每位学生面对的问题，并用具体的例子生动地将这一问题呈现出来。通常这些例子以故事的形式出现，教师可以只讲故事的开端，故事的结尾留给学生进行设计或猜测。

（2）选择参与者。教师选择一些学生扮演故事中的不同角色。在选角色扮演者时应有针对性，并引导学生进入角色。

（3）设置场景。角色扮演者勾勒出不同的场景，但并不限制具体的对话。教师主要负责向学生提出一些问题和布置规则，促进学生的活动。例如，活动在什么地方开始、应当是什么样的形式等。

（4）组织旁观者。旁观者要积极地投入活动中，以利于随后的分析和讨论。教师可以给旁观者布置观察任务，如评价角色扮演的真实性、评价角色扮演者行为的有效性、指出扮演者的思想感情与思维方法的变化等。

（5）进行角色扮演。这里的角色扮演不是按照已有的台词表演，而是参与者根据实际情况对角色的把握和情境的判断做出反应。也就是说，这里面存在不确定性，而这与实际生活非常类似。角色扮演的目的只是形成事件和角色，从而为后来的分析讨论提供材料，因而扮演时间不宜过长，只要达到上述目的即可。

（6）讨论和评价。教师通过问题引导学生讨论角色执行的方式，更重要的是讨论扮演者的动机和行为后果。这时的讨论是扮演者和旁观者一同进行的。

（7）重新进行角色扮演并进行讨论和评价。这一阶段是前两个阶段的重复，而且可能要多次重复，主要由学生讨论的过程和结果而定。如果讨论中学生产生了新的看法，就可以再组织扮演并随后进行讨论评价。

（8）经验共享。在这一阶段，教师向学生提问是否有人有过类似的经历，以此将讨论的问题情境与学生的生活经验联系起来。这一阶段还要让学生能够形成针对具体问题情境采取何种应对方法及对这些方法的后果的认识。但这种结果一般不会在讨论与评价结束后马上出现，需要学生具备较丰富的经验以后才有可能实现。

态度教学模式（角色扮演）主要适用于孤岛求生、海难逃生、矩阵牧羊、雷阵等需要进行情景模拟和角色扮演的项目。这类项目往往是与现实生活和工作结合较为紧密，给人心智启发较大的项目，也是拓展项目中最能体现体验式学习思想的一类项目。虽然在这类项目中，有些项目体能消耗很大，但是这种教学模式主要有利于实现心理健康和社会适应的教学目标，身体健康只是附加的收益。

二、拓展训练课程的教学原则

（一）教学原则的概念

教学原则可以解释成教学所依据的法则或标准。首先，教学原则具有较高的概括性。一般来说，教学原则都是运用相关的教学概念表述的，概念本身有一定的概括性。教学原则不是对具体的教学事实的陈述，而是对事实背后蕴藏的基本的概念之间关系的表述。其次，教学原则的应用具有较大的灵活性。教学原则概括地表述了教学的一般规律，这种概括去除了具体情境的限制及特点，不可能对具体情境中的运用做出详细的规定，这决定了教学原则的应用者在具体应用情境中有较大的发挥空间。换言之，在面对具体情境的教学问题时，教学原则仅为教师提供了一般的而不是具体的指导，教学时具体如何体现教学原则的要求，需要教师自主创造。再次，教学原则具有普适性特点。教学涉及诸多方面，包括不同类型的教学、针对不同性质学生的教学，教学还涉及多个阶段的教学过程。教学原则不是针对一个方面的概括，它陈述的概念间的关系要能解释教学的不同方面。

根据教学原则与体育课程的关系，教学原则分为一般教学原则和体育教学原则。一般教学原则是，在一般的教学条件下各门学科教学都应遵守的基本教学要求。一般教学原则包括教学整体性原则、启发创造原则、理论联系实际原则、有序性原则、师生协同原则、因材施教原则、积累与熟练原则、反馈调节原则、教学最优化原则。

一般教学原则指导着体育教学原则，但是，一般教学原则不能代替体育教学原则，因为体育教学有它特殊的教学条件和教学要求。拓展课程作为新型的体育课程，在遵循一般教学原则的同时，更直接地受到体育教学原则的指导。

（二）拓展教学中应遵循的教学原则

1. 合理安排运动负荷原则

合理安排运动负荷原则是依据拓展课程教学的本质特点和体育教学需要适宜的运动负荷的规律而提出的。该原则的基本要求如下。

（1）身体活动量的安排要服从拓展教学目标的要求。

（2）要因人而异地考虑运动量。

（3）要通过科学教材和教法设计合理地安排身体活动量。

（4）要逐步提高学生自主进行运动的能力。

（5）身体活动量的安排要服从学生的身体发展状况与发展需要。

2. 注重体验运动乐趣原则

注重体验运动乐趣原则是指在拓展教学中让学生在掌握运动技能和进行身体锻炼的同时，体验运动的乐趣，从而培养学生的运动兴趣和参加体育运动的习惯。该原则是依据拓展的特性和体育教学中运动情感变化的规律提出的。体验运动乐趣是人从事身体运动和体育比赛的重要目的，趣味性是体育活动的特质，通过拓展课程的教学，学生体验到运动的乐趣，满足学生对运动乐趣的追求是必要的也是必需的。在拓展教学中贯彻注重体验运动乐趣原则的基本要求如下。

（1）要正确理解和对待运动中的乐趣。

（2）要处理好体验运动乐趣与掌握运动技能的关系。

（3）要尽量让每位学生都能不断地获得成功的体验。

（4）注重"从学生的立场理解拓展教材"。

（5）体验乐趣的同时不忘"磨炼"、体验成功的同时不忘"失败"。

（6）要开发多种有利于学生体验乐趣的教学方法。

3. 促进运动技能不断提高原则

促进运动技能不断提高原则是指在拓展教学中要不断提高学生的运动技能及运动成绩。该原则是依据体育教学条件下运动技能的形成规律，以及较好地掌握运动技能有利于参与终身体育的规律提出的。在拓展教学中贯彻促进运动技能不断提高原则的基本要求如下。

(1) 要创造提高运动技能的环境和条件。

(2) 要明确运动技能学习的目的，有层次地掌握运动技能。

(3) 要正确认识提高运动技能在体育学习中的重要意义。

(4) 要钻研"学理"和"教法"，提高教学质量。

4. 提高运动认知和传承运动文化原则

提高运动认知和传承运动文化原则指在体育教学中通过运动知识和运动技术的学习，培养学生的运动认知能力，提高学生对运动文化的理解，传承运动文化。提高运动认知和传承运动文化原则是依据运动实践与运动认知相互促进的规律提出的。拓展教学中涵盖了大量与户外运动等内容相关的运动文化信息。这些信息有助于学生理解和传承运动文化。在拓展教学中贯彻提高运动认知和传承运动文化原则的基本要求如下。

(1) 要重视体育学习中的"认知"因素，要力争实现"学懂"的目标。

(2) 要开发和采用有利于学生认知的教学方法与手段。

(3) 要重视"发现式学习"和"问题解决式教学法"。

(4) 要重视培养运动表象和再造想象。

5. 在集体活动中进行社会适应及集体主义教育原则

在集体活动中进行社会适应及集体主义教育原则是指在拓展教学中要发挥集体（团队）的作用。在集体中，特别是在小群体的自主性活动中，对学生进行集体主义教育和社会适应的教育，培养学生正确的社会规范和良好的集体行为。在集体活动中进行社会适应及集体主义教育原则，是根据拓展课程以团队学习作为主要学习方式的特点提出的。在拓展课程中，利用团队这个集体实施集体主义教育、人际交往与社会适应教育会产生良好的教学效果。在拓展教学中贯彻在集体活动中进行集体教育和社会适应教育原则的基本要求如下。

(1) 分析、研究和挖掘拓展活动和体育学习中的集体（团队）要素。

(2) 要处理好统一要求和个性发展之间的关系。

(3) 要开发有助于集体学习的教学技术和手段。

(4) 要善于设立"集体学习"的场景。

6. 因材施教原则

因材施教原则是指在拓展教学中要贯彻"面向全体学生"的教学思想，根据每一位学生的具体情况，实施有针对性的教学，使每一位学生的运动技能和身心健康都能在保留各自特点的基础上得到充分的发展。因材施教原则是依据拓展课程教学过程和教学结果受学生身心发展特点制约的规律提出的。在拓展教学中贯彻因材施教原则的基本要求如下。

（1）要深入细致地研究和了解学生。

（2）要正确看待并引导学生正确对待个体差异。

（3）因材施教与统一要求应有机地结合起来。

（4）要采用多种教学方法进行因材施教。

（5）要通过各种教学组织形式创造因材施教的条件。

7. 安全运动和安全教学原则

安全运动和安全教学原则是指在拓展教学中要使学生安全地从事运动的同时，还应对学生进行如何安全运动的教育。该原则是依据拓展教学中需要较多的场地器材和身体活动的特点提出的。在拓展教学中贯彻安全运动和安全教育原则的基本要求如下。

（1）教师必须尽可能全面地预测拓展教学中潜在的危险因素。

（2）要建立完善的体育运动安全制度和安全防护设施。

（3）自始至终地对学生进行安全运动教育。

（4）在拓展教学中要安排负责安全的小干部或观察员。

三、学校拓展训练课程中常用的教学方法

（一）拓展课程常用教学方法的分类

1. 以语言传递信息为主的教学方法

以语言传递信息为主的教学方法是指教师通过口头语言向学生传授体育知识、运动技能的教学方法。由于语言是人类进行交流的最常用的工具，也是教育活动中最常见的行为活动，因此语言法在体育教学中是最重要的教学方法，更是教师和学生之间信息传递的最重要媒体。在拓展教学过程中，常用的以语言传递信息为主的方法有讲解法、问答法和讨论法。

（1）讲解法是教师通过简明、生动的口头语言向学生系统地传授知识和运动技能的方法。

（2）问答法也称谈话法，是教师和学生以口头语言问答的方式完成教学活动的方法。

问答法的优点是启发学生的思维，培养学生的思考能力和语言表达能力，也能唤起和保持学生的注意力和兴趣。

（3）讨论法是在教师指导下，以学生班级或小组为单位，围绕教材的中心问题各抒己见，通过讨论或辩论活动，获得知识或辅助运动技能学习的一种教学方法。讨论法的优点在于能促进全体学生积极参加学习活动，培养合作精神和参加集体思考的能力，同时还可以激发学生的学习兴趣，提高学习情绪。

以语言传递信息为主的教学方法主要适用于经验分享、户外运动知识讲解和破冰课等理论教学内容。

2. 以直接感知为主的方法

以直接感知为主的方法是指教师通过对实物或直观教具的演示，使学生利用各种感官，直接感知客观事物或现象而获得知识和技能的教学方法。以直接感知为主的方法有动作示范法、纠正错误动作与帮助法、演示法等。

（1）动作示范法是教师（或教师指定的学生）以自身完成的动作为范例，用以指导学生进行学习的方法。动作示范法是体育教学中最常用的直观方法，这种方法在帮助学生了解所学动作的结构、顺序、技术要点和领会动作表象特征方面具有独特的作用。轻快优美的动作示范还能激发学生学习的兴趣，增强学生学习的自信心。

（2）纠正错误动作与帮助法是教师为了纠正学生的动作错误所采用的教学方法。在拓展教学中，学生的技能提高是伴随着动作错误的不断出现与不断纠正而进行的。拓展教学中的纠正错误动作和帮助，不仅是学生掌握运动技能的需要，还可以避免错误动作导致的运动损伤。

（3）演示法是教师在教学中通过展示各种实物、直观教具，让学生通过观察获得感性认识的教学方法。多年来这种方法在体育教学中被广泛采用，尽管对于某些示范有一定难度，但是对于体育教学来说，这是一种不可或缺的教学方法，它与讲解法、谈话法等教学方法的结合使用可以收到很好的教学效果。

以直接感知为主的教学方法主要用于户外技术的教学，如攀岩、绳结、保护等内容的教学。

3. 以身体练习为主的教学方法

以身体练习为主的教学方法是指通过身体练习和技能学习，使学生掌握和巩固运动技能、进行身体锻炼的教学方法。在拓展教学实践中，以身体练习为主的体育教学方法主要有完整练习法、分解练习法、领会教学法和循环练习法。

（1）完整练习法。完整练习法是从动作开始到结束，不分部分和段落，完整、连续地进行教学和练习的方法。主要适用于"会"和"不会"之间没有质的区别或运动技术难度不高而没有必要进行或根本难以分解的运动项目。完整练习法的优点是教学中能保持动作结构的完整性，便于形成动作技术的整体概念和动作间的联系。其缺点是用于应该分解而又不宜分解的动作（如体操运动中的翻转动作）时会给教学带来困难。

（2）分解练习法。分解练习法是指将完整的动作分成不同部分，逐段进行教学的方法。它适用于"会"和"不会"之间有质的区别或运动技术难度较高而又可分解的动作技术。这种教学方法的优点是把动作技术的难度相对降低，便于学生掌握和突出教学重点和难点，同时还有利于提高学生学习的信心。其缺点是不利于学生对完整动作的掌握，有可能形成对局部和分解动作的单独掌握，有时甚至会妨碍完整地掌握动作。

（3）领会教学法。领会教学法是体育教学方法指导思想的一项重大改革，它从强调动作技术转向培养学生的认知能力和兴趣。领会教学法有以下特点：从项目整体特征入手，再回到具体的技能学习，最后回到整体的认识和练习中。强调从战术意识入手，把战术意识贯穿在各个教学环节中，整体意识和战术为主导的特征很强。突出主要的运动技术，而忽略一些局部性的运动技术。注重比赛的形式，并在比赛和实战中培养学生对项目的理解，教学往往从"尝试性比赛"开始，以"总结性比赛"结束。

（4）循环练习法。是根据教学和锻炼的需要选定若干练习手段，设置若干个相应的练习站，学生按规定顺序、路线和练习要求逐站依次练习的方法。它主要是练习的方法，不是教学方法，但它也是一种教学组织方法。循环练习的方式有多种，主要是流水式和分组轮换式两种。

循环练习法的特点是：有多个练习手段，练习过程连续循环，练习内容可多样，运动量、练习节奏和身体锻炼的部位比较易于调整，可以根据课上的练习需要进行多样化的设计和安排。它能较全面地发展学生体能，提高运动能力，还能较好地提高学生学习和训练的兴奋性。

以身体练习为主的体育教学方法主要适用于挑战、绳结技术等内容的教学。

4. 以情景和竞赛活动为主的教学方法

以情景和竞赛活动为主的教学方法是指教师在教学中创设一定的情境和竞赛活动，使学生通过生动的运动实践，陶冶情操、提高运动能力、提高运动参与兴趣的教学方法。以情景和竞赛活动为主的体育教学方法有游戏法、情景教学法、运动竞赛法等。

（1）游戏法。游戏法是教师组织学生做游戏完成教学任务的一种教学方法。游戏法通常有一定的情节和竞争成分，内容与形式多种多样。但正是游戏中的情节和竞争、合作等要素，可以帮助拓展教师在教学的过程中培养学生思考和判断能力，陶冶学生的情操，对学生进行心理锻炼等，因此在拓展教学中，游戏法被广泛地采用。

（2）情景教学法。情景教学法是适应学生热衷模仿、想象力丰富、形象思维占主导的特点而进行生动活泼和富有教育意义的教学方法。这种方法主要遵循学生情感变化和认识的规律，在教学过程中设定一定的"情景"，甚至由一个"情景"贯穿整个单元和课程的教学过程。如"还难逃生""孤岛求生"等，让学生学习和练习用情节串联起来的各种运动，多配合讲解（讲故事）、情景诱导、保护与帮助的方法进行。

（3）运动竞赛法。运动竞赛法是指通过组织学生比赛进行技能学习和练习的一种教学方法。严格地讲，比赛也是一种游戏的形式，但比赛和游戏法存在一定的区别。游戏有竞争、合作、表现等多种类型，而比赛偏重于竞争；游戏不限于某个项目，而比赛往往是与某个运动项目有关。

以情景和竞赛活动为主的教学方法主要适用于穿越雷阵、盲行、鳄鱼湖、蛟龙出海等内容的教学。

5. 以探究活动为主的体育教学方法

以探究活动为主的体育教学方法有发现法、小群体教学法等。

（1）发现法。又叫"探究法"，是指学生在学习概念和原理时，教师只是给他们一些事例和问题，让学生通过观察、验证等活动，思考、讨论和听讲等途径独立地进行探究，自行发现并掌握相应的原理和结论的一种方法。

发现法的指导思想是以学生为主体，通过积极自主的活动，使学生在掌握、认识和解决问题的同时，培养他们自觉主动地探究学习的态度和能力。通过进行探究的步骤，学习研究客观事物的过程，提高发现事物发展的起因和事物内部联系的能力。发现法对于激发学生学习兴趣、培养学生解决问题的能力、发展学生创造性思维品质和积极进取的精神有较大的优越性。

（2）小群体教学法。又称"小集团教学模式"，是通过拓展教学中的集体因素和学生间交流的社会性来提高学生的学习主动性，提高学习的质量，并达到对学生社会能力进行培养的一种教学方法。小群体学习的模式与以往为提高教学效率和进行区别对待的分组教学法有根本的区别。它是充分考虑了体育教学中的集体形成和人际交往的规律性来设计的。

小群体教学方法虽然形式多样，但一般在开始的时候都有一个分组和形成集体（团队）的过程。在这个过程中，重要的是使小组具有一定的凝聚力和各自的学习目标。教师主要起指导、观察、参谋作用，课程的前半部分以学习活动为主，后半部分以练习和交流活动为主。在课程结束时，一般有小组间比赛、小组总结、发表看法和全班总结等环节。

以探究活动为主的教学方法的特点在于，学生在探索和认识、解决问题的过程中，其独立性得到高度发挥，探索能力和创新能力得以发展。在这类方法中，教师的地位与前几类方法中的情况有较大不同。教师有意识地让学生有较大的活动自由，有时还要使自己作为成员参与学生的探究活动。但其实教师的指导性更强（主要是形式上起了变化），其指导更加周到、有效和更有预见性。

以探究活动为主的体育教学方法主要适用于鳄鱼湖、解龙（解手链）、穿越纸壁等内容。

（二）拓展课程教学方法选择依据

由学者和教学专家总结，被第一线教师使用的教学方法十分丰富。随着体育教学改革的不断深入，还会有许多新的教学方法产生。因而在实际教学中，拓展教师正确地、有针对性地选择合适的教学方法是教学方法发挥最大作用的前提，成为影响教学质量的关键。因此，要根据教学目标和各种教学因素，科学合理地选取适当的教学方法，并加以组合，才会使拓展课程教学效果达到最优化。从这个角度讲，教学的成败在很大程度上取决于教师能否妥善地选择教学方法。在选择拓展课程中常用的体育方法时，应根据以下几个原则进行。

1. 根据学生的实际情况选择教学法

使用不同的教学方法的最根本目的都是为了学生的体育学习，而不是教师对运动技能的"展示"。因此，选择教学方法是否合适要看该教学法是否符合学生身心发展特征，是否对学生有帮助。选择拓展课程教学方法时，教师要考虑学生在年龄、智力、能力、学习方法、学习态度、班级的学习纪律及风气诸方面的因素。对运动感觉较差的学生就不适宜采用领会教学法，对体能较差的学生就不适宜使用"循环练习法"，因此应当从学生具体实际出发，选择最能适应学生条件和发展学生技能的教学方法。

2. 依据课程的目的与任务选择教学法

在拓展课程中，实现不同教学目标时要选择不同的教学方法。比如，在破冰课、户外保护技术、绳结技术这类以知识和技能为主的课程时，需要更多地运用以语言传递信息为主的方法、示范和演示的方法。如果是实现以熟练运动技能或强化身体素质为主的教学目标时，常使用练习法、比赛法等教学法。实现社会适应或心理健康等教学目标时，常采用情景教学法和发现法。

3. 根据教师本身的条件和特点选择教学法

任何一种教学方法，只有和教师自身的条件和特点密切结合，才能取得最佳的效果。有的教学方法虽好，但实施的教师缺乏必要的素养，仍然不能产生良好的教学效果，因此，拓展教师的条件和特长都会成为选择教学方法的重要依据。例如，有的拓展教师的形象思维水平和语言表达能力强，就可以多用生动形象的语言描绘现象和问题；有些拓展教师身体形象和运动技能强，就可以多用示范和帮助的方法使学生产生学习兴趣和信任感；有些拓展教师很幽默，就可以多用有意义的笑话来阐述道理或巧妙地处理突发事件；有些拓展教师给人以严肃的印象，就不宜开玩笑，应多进行正面教育。总之，教师选择教学方法，应根据自己的实际优势，扬长避短，采取与自己条件相适应的教学方法。作为一个有责任心的拓展教师，也应通过努力学习不断提高选用各种教学方法的能力。

4. 根据教学内容的特点来选择教学法

一般说来，不同性质的教学内容要求采取不同的教学方法。例如，攀岩技术教学基本上要使用分解教学法和完整教学法；挑战、蛟龙出海等教学内容可以使用"领会教学法"和"循环教学法"。另外，团队项目很适合用"小群体教学法"、雷阵等含有重要科学原理的拓展项目就很适合用"发现教学法"等。总之，拓展教师应在仔细分析教材的基础上，根据教材的性质和具体内容的特点灵活而有创造性地选择适当的教学方法。

5. 根据教学时间和效率的要求选用教学法

教学方法所需要的时间和工作效率是不一样的，如发现法要比讲解法费时间，分解法要比完整法费时间等，因此，在实际的教学中，选择某个教学方法时，应考虑其所用教学时间和教学效率的高低。好的教学方法应该是高效低耗的，能保证在规定的时间内完成教学任务。但是，应注意"有价值的弯路"，即看起来费时间但实际上很重要的步骤，如要使学生明白一个重要的原理，用点儿时间让他们探索和发现是很有意义的，拓展教师应尽可能选用省时又有效的方法，以达到教学效果的最优化。

6. 根据各种教学方法的功能、适用范围和使用条件等进行选用

任何教学方法都不可能是万能的，都有各自的独特功能、适用范围和使用条件的限制

等，有各自的优点和缺点。教学方法会受到教学过程中各种因素的影响，有时有非常好的教学效果，有时就事倍功半。例如，有时多讲是循循善诱，有时多讲则是繁琐啰唆；有时做游戏是生动活泼，有时则是无聊幼稚；有时用多个教学步骤是循序渐进，有时则是画蛇添足；有时组织比赛是兴趣盎然，有时则是尴尬无味；等等。这些变化取决于对这些教学法功能是否有深刻的理解，取决于使用这些教学法的时机是否合适，取决于对这些教学法功能的使用范围是否了解和运用准确，取决于这些教学法使用的条件是否已经具备等，离开了上述条件，用任何教学法都不会取得好的效果。因此，选择教学方法时，必须认真分析教学方法的功能、应用范围和条件。

第四节　高校体育拓展训练课程的教学评价体系研究

拓展课程的教学评价分为广义和狭义两个层面。广义的拓展课程教学评价以拓展教学的全部领域为对象，它涉及拓展教学的一切方面：教学目标、教学内容、教学方法、教师的教和学生的学等。狭义的拓展课程教学评价是以学生为评价对象，专指对学生在拓展课程学习过程中的知识与技能、过程与方法、情感态度与价值观等方面给予价值上的判断。下面主要针对狭义层面上的教学评价，即学生在拓展课程学习过程中的知识与技能、过程与方法、情感态度与价值观等方面进行讨论。

一、高校拓展训练课程的教学评价体系概述

（一）高校拓展训练课程的教学评价体系的基本含义

（1）拓展训练课程的教学评价是依据拓展课程的教学目标和体育教学原则进行的。拓展教学目标是对拓展课程的教学是否获得了预先设定的成果、是否完成了课程任务的评判依据；而拓展教学原则是对拓展教学是否做得合理、是否合乎作为体育课程的教学基本要求的评判依据。两个评价依据都具有客观性和规范性，也都具有教学评价的效度和信度。

（2）拓展可看成教学评价的对象是拓展课程的"教"与"学"的过程和结果。拓展课程教学评价的重点对象是作为受教育者的学生的"学习"，包括学生的学习水平和品德

行为等方面的变化；拓展教学评价也包括对拓展教师的"教授"进行的评价，包括教师的教学水平及师德行为。

（3）拓展课程教学评价的工作内容是价值判断和量化评价。价值判断是从定性的角度进行的评价，主要是评价教学方向的正误、教学方法的恰当与否等；量化评价工作是定量性的评价，主要用来评价可以量化的学习效果，如身体素质的增长和相关运动技能掌握的数量等。

（二）拓展教学评价涵盖范围

拓展教学评价包含了教学目标的确定、教学内容的选择、教学过程的组织和实施等各个环节。其目的是及时修正体育教学目标、解决体育教学中出现的问题，以及实现体育教学资源的合理配置，追求最佳教学效果和目标的达成，是一项实践性与操作性较强的工作。

二、高校拓展课程教学评价的意义

（1）在拓展课程中对学生的评价可以作为一种诱因，激发学生努力学习的动机。在评价中取得好的评价等级或分数，可以赢得家长和老师的鼓励及同学的羡慕，可以激发学生的附属内驱力和自我提高内驱力。评价结果如被用来决定升学、评奖，也会激发一部分学生努力学习的动机，虽然这些动机都是外部动机，但对学习有推动作用，不应被忽视。

（2）学生想知道自己在学习过程中所付出的努力是否得到了回报，自己在学习过程中采用的学习策略能否有效改善他们的学习，他们还想知道自己在学习中的优势与不足，以便在后续学习中扬长避短。这些问题都可以从评价结果中得知。对教师来说，对学生学习结果的评价，给教师提供了其教学有效性的反馈。教师为促进学生的学习采取了一定的教学方法、模式，这些方法、模式的效果如何，最终还要看学生的学习结果。

（3）对学生学习结果的评价可以为父母提供学生在校学习情况的信息。父母可以根据学生学习的情况，给学生以奖励、惩罚或督促，配合学校共同促进学生努力学习。评价学生的结果，还提供了对学生进行分类的信息，可以使学校和教师有针对性地发展学生的特长，弥补学生的不足，并为学生的升学、就业、选课提供指导。

（4）对学生的评价有时会被用作评价教师、校长、学校、学区的教学、管理和办学质量的信息。另外，对学生的评价还可以为学校或社会选拔在某一方面具有潜力和特长的学生，通过重点培养可以为学校和社会培养出某一领域的专门人才。

三、拓展训练课程教学目标导向下的评价指标体系

随着体育教学评价体系的改革，以及教学评价研究的不断深入，体育教学评价从以学生的体育成绩作为主要评价手段和指标的评价方式向着多元化、多途径的评价方式发展已经成为必然的趋势。拓展课程作为新型的体育课程，尚未形成自身完整的教学评价指标体系。针对拓展课程教学评价指标的研究，对于促进拓展课程教学实践及拓展课程理论研究具有双重意义。拓展课程教学评价是为实现教学目标服务的。因此，拓展训练课程教学评价指标的筛选和确定要以拓展训练课程教学的目标作为着眼点。

（一）评价指标筛选方法

体育教学评价指标筛选常采用经验法、理论推演法和专家评判法三种方法。

（1）经验法是依据指标设计者的实际工作经验和评价对象的实际情况，对初步拟定的指标体系进行综合分析，归类合并。经验法主要根据设计者自身的经验分析并列举教学目标，这种方法比较便于操作，在实际中常常被采用。

（2）理论推演法是依据逻辑学、教育学、心理学、社会学、管理学、评价学等学科的理论及相关研究成果对评价指标进行筛选。

（3）专家评判法是指标设计者将初拟的指标设计好后再征询该领域的专家意见。专家评判法通常采用个别访谈调查、问卷调查等方式。

以上三种方法各有其优势和缺点，在实际研究工作中一般将这三种方法综合运用。

（二）评价指标的确定

在确定评价指标时，需要结合拓展课程的教学目标体系和以往体育教学评价的相关指标进行综合分析，初步形成指标群。然后征求拓展课程专家的意见，对初选的指标群进行合并、去除和补充，形成指标体系。最后将体系中的指标设置成变量进行权重分析。

评价指标确定的基本步骤：将指标体系中的各级指标作为变量，根据足够有代表性的样本建立数据库，然后对数据进行因子分析，提出主要因子（公因子），根据因子得分、载荷大小给予因子命名，形成一级指标，在此基础上，根据每个公因子中各变量对公因子得分贡献的大小确定相应的二级指标。

(三) 评价指标及其权重

从教学目标的维度，结合拓展教学的学科特征，经过专家的筛选排序，教学目标导向下的拓展课程教学评价的一级评价指标可以分为五个维度，即社会适应、情感态度、身体健康、知识认知、运动技能。其权重排序见表6-1。

表6-1 拓展课程教学评价一级指标及其权重

一级指标	社会适应	情感态度	身体健康	知识认知	运动技能
权重	0.213	0.208	0.202	0.187	0.190

(1) 社会适应是指学生作为社会人应具有相应的社会属性，拓展课程在提升学生社会适应能力等方面具有良好的效果。拓展教学与社会活动紧密相连，在学习过程中既相互配合，又存在相互竞争和共赢关系，既有成功的喜悦又有失败的痛苦。通过拓展教学活动，学生可以形成合作、竞争、遵守规则、共赢的意识和行为，并对失败和挫折有更深刻的认识，学会如何面对困难。拓展教学的课堂是社会生活的一个缩影，在提高学生健康水平的同时，还促进了同学之间、师生之间的人际交往，对促进学生的社会化和提高社会适应能力极为有益。因此，拓展课程教学评价中社会适应的指标内容包括和谐的人际关系、社会规范与角色定位及耐挫折能力。其权重见表6-2。

表6-2 社会适应二级指标权重分配表

二级指标	和谐的人际关系	社会规范与角色定位	耐挫折能力
权重	0.395	0.366	0.239

(2) 情感态度因素是指兴趣、动机、自我效能、意志、团队合作精神等影响学生学习过程及学习效果的相关因素。在拓展课程教学中，对学生情感态度及价值观的培养是在知识与技能的学习中承载、启发、渗透或感染的过程。拓展教师要把情感态度价值观的培养有意识地、自觉地贯穿于拓展教学过程之中，使学生逐步形成社会所期盼的积极的态度、健康的情感及正确的价值观。拓展教学评价指标体系中的情感态度因素包括学习兴趣、人际交往、运动参与及情绪调节四部分内容。其权重见表6-3。

表6-3 情感态度二级指标权重分配表

二级指标	学习兴趣	人际交往	运动参与	情绪调节
权重	0.268	0.238	0.260	0.234

(3)体质是指人体的质量。它是在遗传性和获得性的基础上表现出来的人体形态结构、生理功能和心理因素综合的、相对稳定的特征。

身体健康主要是指体质的健康,体质健康是人们正常生活、学习、工作的基础,直接影响人生价值的实现。具体而言,体质是人通过先天遗传和后天获得所表现出来的,在身体形态、生理机能、运动素质及身体适应能力等方面处于相对稳定状态。健康体质的形成取决于多种因素,体育锻炼是诸多因素中最为重要的因素和途径。人的体质在发展和变化的过程中具有明显的阶段性、个体差异性和性别差异。因此,在对体质健康进行评价时,要充分考虑被评对象不同方面的特点。根据《学生体质健康标准》中的规定,身体健康评价指标包括身体素质、身体机能和身体形态,这三项指标作为评价学生体质健康的主要评价指标(表6-4)。

表6-4 身体健康二级指标权重分配表

二级指标	身体机能	身体形态	身体素质
权重	0.357	0.301	0.342

①评价身体机能水平的指标主要包括心率、血压和肺活量。身体机能是指机体新陈代谢的功能,以及各器官系统的工作效能。通过身体机能评价,可以了解机能的状况和体质水平,并可以反映身体锻炼的效果。教学实践证明,体育教学能够对学生的身体机能产生影响。

②评价身体形态指标主要包括身高、体重、胸围、腰围,还包括身体姿势、皮下脂肪、骨关节形态、身体各部分比例等,对于以上指标的筛选是考虑到各级各类学校体育教学条件和测量工具的简易性问题。在众多的形态指标中,学生在身高、体重和胸围方面的发育状况具有代表性。

③身体素质是指人在体育活动中表现的机体能力,它是衡量体质的重要指标。评价身体素质的指标主要包括力量、耐力、速度、灵敏、柔韧和协调性等。身体素质是体育活动中反映出的机体能力,是掌握运动技术、提高锻炼效果的基础。

(4)认知是指人们获得知识或应用知识的过程,或信息加工的过程,这是人最基本的心理过程。它包括感觉、知觉、记忆、想象、思维和语言等。人脑接受外界输入的信息,经过头脑的加工处理,转换成内在的心理活动,进而支配人的行为,这个过程就是信息加工的过程,也就是认知过程。

在体育教学过程中,需要学生进行逻辑认知的内容非常丰富,即使是动作技能学习,也存在着逻辑认知的成分，头脑不清楚，知其然而不知其所以然的学习都会从整体上影响学生体育学习目标的达成。因此，对于认知领域的评价要求学生能够记忆和领会相应的知识群，其中包括学校体育学知识、教育学知识、心理学知识、管理学知识、避险求生知识、社会学知识、户外运动知识等（表6-5）。

表6-5 知识认知二级指标权重分配表

二级指标	学校体育	户外运动	教育学	心理学	避险求生	社会学	管理学
权重	0.178	0.150	0.100	0.200	0.077	0.100	0.195

（5）动作技能也叫操作技能或运动技能。动作技能是一种习得的能力，表现于迅速、精确、流畅和娴熟的身体活动方式。拓展课程是一门由身体的直接体验获得基本知识、基本技术、基本技能的课程。因此，在学生体育学习评价指标体系中，对动作技术技能的评价是一项必不可缺的内容，它体现了体育课最基本的特征，也是实现其他体育学习目标的载体，具体评价指标包括技术技能应用、技术技能掌握质量及技术技能达标程度（表6-6）。

表6-6 技术技能二级指标权重分配表

二级指标	技术技能应用	技术技能掌握质量	技术技能达标程度
权重	0.324	0.336	0.340

在拓展教学评价的过程中，不同层次和年龄的学生在知识认知水平方面存在差异，在教学目标设置上也有不同的标准，因此评价的内容要考虑到学生的身心特点和专业特点。通过对初步建立的学生拓展课程学习评价指标体系的二级指标进行分析，进一步明确了各项指标存在的重要意义，也为进一步划分评价指标体系提供了思路和框架。但需要指出的是，由于文章规模和笔者能力等客观因素的限制，在评价指标体系建立的过程中难免存在误差。在指标的筛选过程中，主要以拓展教学领域的部分专家的意见作为理论依据，因此在指标的维度和权重上难免存在一定的偏差和争议。不同院校在进行教学评价时应结合本校教学目标及教学内容的特点加以灵活运用。

四、拓展训练课程教学评价实施的建议

（一）做好拓展课程教学评价前的准备工作

教学评价的准备工作按构成要素可分为思想准备、材料和工具准备及组织准备三个部分。

（1）思想准备主要指在进行拓展课程教学评价之前要明确评价的目标和意义，明确评价的对象并充分考虑与评价有关的各种因素；预判在拓展课程评价过程中可能会出现的各种情况，做好充分的思想准备。在此基础上还要学习相关文件，掌握相关政策和原则。

（2）材料和工具的准备主要包括评价方案的设计和论证、各种问卷和调查量表的设计和印制等。制定工作指导文件和章程、撰写开展评价活动资料等。此外，还要做好数据统计工具和软件的准备工作。

（3）组织准备。组织准备指的是确定拓展课程评价活动的主要组织者，一般由课程所属教研室的相关领导及学校教学质量评估部门的相关人员组成。在组织者和相关人员确定之后，还要成立相应的评价小组，明确评价工作的有关组织纪律和成员分工，并做好教学评价培训工作。

（二）把握好拓展教学评价的整个过程

（1）在评价开始之前，要根据评价的对象和指标选择适宜的评价方法，明确各种评价方法和评价手段的适用范围。例如，态度和情感的评价主要应以主观评价结合心理量表的评价方式为主。而陈述性知识的评价主要以客观的标准试题作为主要的评价方式和手段。技能的评价则以主观的评价结合技术评价标准加以实施。拓展课程的评价要将团队的表现与个人的评价挂钩，采用团队评价专门的量表。

（2）做好资料的搜集工作。拓展课程涉及的教学目标较多，要采用多种方式、多种渠道搜集资料，以确保评价资料的全面性。搜集评价资料的方式主要有纸笔测验、评价量表、出勤考核评分表等。

（3）做好资料的整理和分析工作。对搜集到的资料要认真审核，然后进行归类和建档。在对评价资料进行整理和分析时要充分利用现代化的工具、技术和手段。主要的工具有计算机和统计软件。

（三）科学地处理拓展课程教学评价结果

（1）评价结果的分析判断是根据预先制定的评价指标体系中的指标与评价结果的一致性程度进行的。要重视自评与他评相结合，对评价结果予以综合考量。但在作结论时，主要应根据他评的资料和自评提供的实况综合分析，自评结果仅作参考。

（2）做出综合评价的结论是指在分析判断的基础上，将分项评定的结果进行汇总，并对整体的评价结果进行量化分析和定性分析的综合描述，形成最终的评价意见和建议。找出评价结果与教学目标之间的差距，并提出改进方法。

（3）评价结果的信息反馈。为了发挥评价的指导作用，评价活动结果的信息要及时反馈给有关方面。做法是：向有关领导部门汇报评价工作的结果，为他们的教学决策提供参考。向教学评价的对象反馈评价意见。在反馈过程中，对主观性结论的解释要慎重，以免对评价对象造成误导或心理压力。必要时可以将评价的结果与同事进行交流，从而为其他教师的教学工作提供借鉴。

（4）评价工作的总结是在评价活动的工作流程结束后，针对评价活动的质量和效果进行的总结。评价工作总结完成后，还要注意保存该次评价的重要资料。

参考文献

[1] 师伟超. 拓展训练在高校体育教学中的应用分析[J]. 拳击与格斗, 2023(3): 99-101.

[2] 边福荦. 高校体育训练管理工作的优化研究[J]. 武当, 2022(11): 91-93.

[3] 冯子豪. 体育运动训练基本原则与其对高校体育教学的启示[J]. 科技资讯, 2022, 20(17): 179-181.

[4] 马鹏涛. 高校体育教学改革创新与科学化训练研究[M]. 北京: 新华出版社, 2018.

[5] 吴春霞. 我国普通高校体育管理组织结构的研究[M]. 北京: 北京体育大学出版社, 2010.

[6] 赵钧. 高校体育训练创新的重要性及策略研究[J]. 田径, 2021(5): 5-6.

[7] 于扬. 提升高校体育运动训练有效性的研究[J]. 石家庄职业技术学院学报, 2021, 33(1): 74-76.

[8] 桑梦礼. 高校体育训练中运动损伤原因分析与恢复方法[J]. 当代体育科技, 2021, 11(15): 18-20, 36.

[9] 史明政. 高校体育教学理论与方法指导研究——评《体育教学训练理论与方法》[J]. 教育评论, 2017(6): 170.

[10] 吴贻刚. 制约科学理论向运动训练方法转化的主要因素[J]. 上海体育学院学报, 2001(2): 6-9.

[11] 高健, 王江云. 试析科学技术方法对运动训练发展的影响[J]. 徐州师范大学学报(自然科学版), 2000(3): 66-70.

[12] 王卫星,彭延春. 运动员体能与技战术发挥的关系[J]. 北京体育大学学报,2007(3):289-293.

[13] 周明金. 心理训练与少年篮球运动技战术发挥的相关分析[J]. 云南师范大学学报,2001(2):96-98.

[14] 童建国,芦金峰,朱伟清. 运动员心理系统训练刍议[J]. 西安体育学院学报(S1),2000:40-41.

[15] 张林. 体育管理学[M]. 重庆:重庆大学出版社,2019.

[16] 贾振勇. 体育教学改革与实践应用探究[M]. 北京:新华出版社,2018.

[17] 蔡晓波. 大学体育理论教程[M]. 南京:南京东南大学出版社,2017.

[18] 刘亚静. 体育拓展训练引入高校体育教学的研究综述[J]. 田径,2020(4):32-33.

[19] 李月娟. 我国高校体育拓展训练发展的现状与对策研究[J]. 当代教育实践与教学研究,2018(1):219.

[20] 韩旭章. 我国高校体育开展拓展训练课程教学研究[J]. 当代体育科技,2016,6(31):38,40.